介護のプロなら知っておきたい！

バイタル測定、整容行為、

その他の行為の知識と手順

●監修　平野頼子
看護師・ケアマネジャー

日本医療企画

はじめに

急速に進む高齢社会への対策として、平成12年に介護保険制度がスタートし、それまで家族のなかに閉じ込められていた「介護」が、老いや病いにより要介護状態となった人々の日常生活を支える専門のケアとして位置付けられ、大切な役割を担ってきました。さらに、その人の「生老病死」にかかわるとき、医療ニーズを考慮したケアが求められるようになってきました。

我が国の医療制度において「医行為は医師、歯科医師、看護師等の免許を有さない者が行ってはならない」と決められています。この医行為のなかに、体温測定、ひげそり、爪切り、湿布貼付など、私たちの日常生活において普通に行われている行為も含まれており、「家族がしていることをなぜ介護職はできないの？」と家族から苦情が寄せられたこともありました。

時代の変化とともに、国も、平成17年７月にこれまで医師や看護師が行ってきた医行為のうち11項目を「原則として医行為でないと考えられるもの」として厚生労働省より通知が出されて、介護職も行うことができるようになりました。しかし、それぞれの項目にはケアするときの要件が付けられていますので、しっかりとその内容を理解しケアしないと、事故が起これば責任を問われることになります。例えば「爪切り」では「爪そのものに異常が無く、爪の周囲の皮膚にも化膿や炎症がなく、かつ糖尿病等の疾患に伴う専門的な管理が必要でない場合」に介護職が行ってよいと通知されています。簡単に思える医療的行為であっても高齢者は疾患や服用している薬剤などの影響を受けやすく、ケアが適切でない場合、かえって状態を悪化させてしまうこともあります。

これからの高齢社会を支えていくために介護職の役割はますます大きくなっていきます。本書が現場で働く介護職の皆さまのお役に立てば幸いです。

監修　平野頼子

目　次

本書の使い方

本書は、行為を行う前の準備や行う際の要領、留意点をわかりやすく解説しています。以下を参考にして、介護の現場で活用してください。

各項目の説明

●**基礎知識**………各行為の意味やその目的、行う前の身体状況の把握のしかたなどを説明しています。バイタルサインの測定行為では、基準値や平均測定値も掲載しています。

●**必要な物品**………最低限、その行為を行うのに必要な物品を、必要に応じて写真付きで掲載しました。

●**手順**………介護職が利用者に行う行為の標準的な手順について、イラストを使用しながら、順を追って具体的にポイントを説明しています。

●**ケアのポイント**………手順で説明しきれない介護上の留意点や、行為の最中や後で異状があった場合の対処法などを説明しています。

●**NG！これは医行為です**………介護従事者がやってはいけない医行為を示し、注意を呼びかけています。

●**得する知識**………その行為に関連して、身につけていると得する、医療・介護に関わる知識や技術的な内容を、適宜取り上げています。

●**手順チェックリスト**………行為終了後に実施した行為を振り返り、評価し、また、行為を記録する際にも役立てられるチェックリストです。Q&A形式で掲載しています。

表紙デザイン：ウメヅコウキ／イラスト：佐藤加奈子／本文レイアウト：株式会社明昌堂

体温測定

基礎知識

●体温・血圧・脈拍・呼吸などの、人が生きていることを示す基本的な兆候を「バイタルサイン」と言います。対象者の日ごろの健康状態を知るためには、正しい体温測定を心がけましょう。

●健康な成人の平熱は36.0℃から37.0℃に分布していると言われていますが、高齢者の場合、それよりもやや低めの人もいます。これは、加齢によって体温調節の機能が衰えてくるためです。室温の影響を受けやすくなることも覚えておきましょう。

●体温は個人差があり、測る部位や時間帯などによっても違いがあります。毎日、同じ部位、同じ時間帯に測ることが大切です。在宅で行う場合、腋《わき》の下での測定が基本です。

必要な物品

- 体温計（電子または水銀または耳式電子）
- ハンドタオルまたは浴用タオル
- 消毒綿

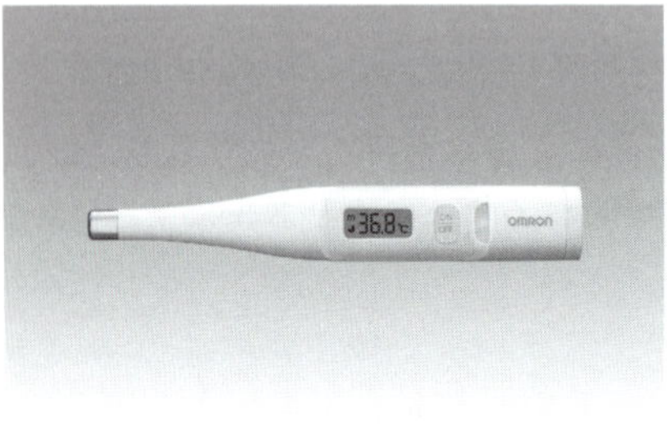

電子体温計（写真提供:オムロン ヘルスケア株式会社）

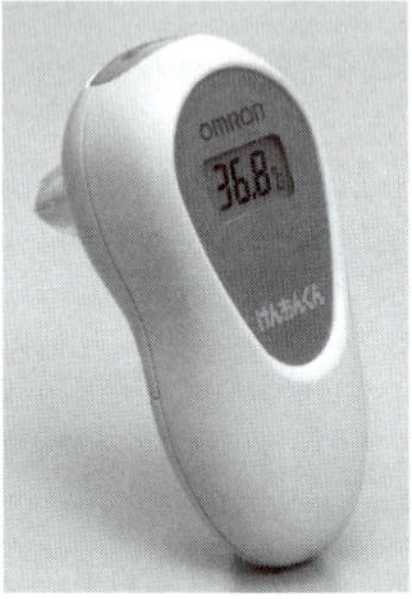

耳式電子体温計
（写真提供：オムロン
ヘルスケア株式会社）

手　順

memo

1 検温の前に体温計を点検します。電子、耳式電子体温計は電源を入れ、正しく作動するか点検します。水銀の場合は器具に破損がないかチェックし、目盛りが35℃以下になっているかを確認します。

2 「○○さん、体温を測りますよ」と声をかけます。

3 腋の下で測定する場合、体温計を装着する前にハンドタオルなどで汗をよく拭いておきます。

memo

4 体温計を装着します。片《へん》麻《ま》痺《ひ》のある人の場合は、健側に挟《はさ》みます。装着場所は腋の下の中央よりやや前寄りに、くぼみに向かって斜め上に差し込み、固定します。

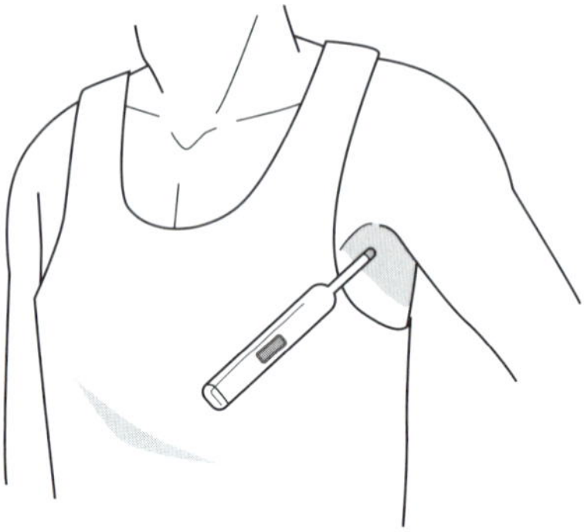

5 やせている人や、自力での固定が困難な人の場合は、介護職が対象者の測定している腕に手を添え、密着させます。

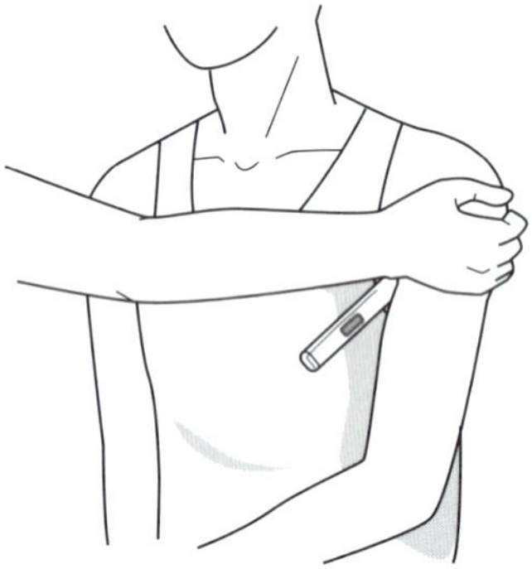

6 電子体温計は約3分、水銀体温計は約10分で測定が終了します。

7 電子、耳式電子体温計はその機種に応じた時間または終了音が鳴るまで測定します。

8 終了後、計測値と測定時刻を記録します。電子、耳式電子体温計でエラー表示が出たら、再計測します。

9 体温計を消毒綿で拭き取り、所定のケースに保管します。

10 「お疲れさまでした」と終了を伝え、記録をまとめます。

memo

ケアのポイント

●対象者の体温がいつもの数値（平熱）より高かったり、低かったりした場合は、まず、計測方法に間違いがなかったかを確認し、次に器具を点検し故障がないかを調べます。これらに異常がなければ、再計測します。

●再計測をするとともに、対象者の様子を注意深く観察します。顔色、表情はどうか、せきやくしゃみをしていないか、寒気や頭痛を訴えていないかなどを確認し、異状がある場合は、事業所から家族や医療職に連絡をとります。

●特に夏の時期は室温が高くなり、急激に体温が上がること（熱中症）があります。

●水銀体温計を使用する場合は、体温計を目の高さまで上げて数値を読み取るようにしましょう。

NG! これは医行為です

●検温後「風邪でしょう」などと病名をつけたり、介護職の判断で解熱剤等を服用させてはいけません。

☑ 手順チェックリスト

□ **対象者の平熱を把握していますか？**

高齢者のなかには、35℃台などふだんから体温が低めの人もいます。また、同じ人でも日内変動があり、早朝や睡眠中は低めで、15時ごろがもっとも高くなると言われています。毎回、同じ時間帯に測りましょう。

□ **毎回、同じタイプの体温計を使用していますか？**

「昨日は水銀体温計、今日は電子体温計」と、器具を換えると、測定結果に差が出やすくなります。

□ **同じ部位で測定していますか？**

口腔《こうくう》や肛門での測定は腋の下より1℃高いと言われています。必ず毎回、同じ部位で測りましょう。

□ **入浴や食事から時間はたっていますか？**

運動、入浴、食事などの行為は体温を変動させます。それらの行為の後は必ず20〜30分経過してから検温します。また、高齢者は、室温の影響を受けやすいことを考慮して検温します。

血圧測定

基礎知識

●血圧とは、動脈を流れる血液が血管壁に与える圧力の大きさで、人が生きていることを示す「バイタルサイン」のひとつです。血圧測定によって全身へ血液を送り出すポンプとしての心臓の働きと、血管のしなやかさを知ることができます。

●血圧は心臓が血液を送り出すために、ギュッと収縮したときの圧力である収縮期血圧（最大血圧）と、戻ってきた血液が心臓にたまり、心臓が大きく拡がったときの圧力である拡張期血圧（最小血圧）の２つを測定します。

●血圧値については、日本高血圧学会の「高血圧治療ガイドライン（2009年版）」では以下のように定められています。

■ 成人における血圧値の分類

分類	収縮期血圧（mmHg）		拡張期血圧（mmHg）
至適血圧	＜ 120	かつ	＜ 80
正常血圧	＜ 130	かつ	＜ 85
正常高値血圧	130 ～ 139	または	85 ～ 89
Ⅰ度高血圧	140 ～ 159	または	90 ～ 99
Ⅱ度高血圧	160 ～ 179	または	100 ～ 109
Ⅲ度高血圧	≧ 180	または	≧ 110
（孤立性）収縮期高血圧	≧ 140	かつ	＜ 90

●血圧も体温と同じく日内変動があり、気温、室温、食事、入浴、運動、飲酒、喫煙、服薬の状況、興奮することなどによって変化します。体温測定と同様に、毎回同じ時間帯、同じタイプの器具で測ることが大切です。

必要な物品

・自動血圧計〔自動血圧測定器〕（上腕《じょうわん》式、手首式）

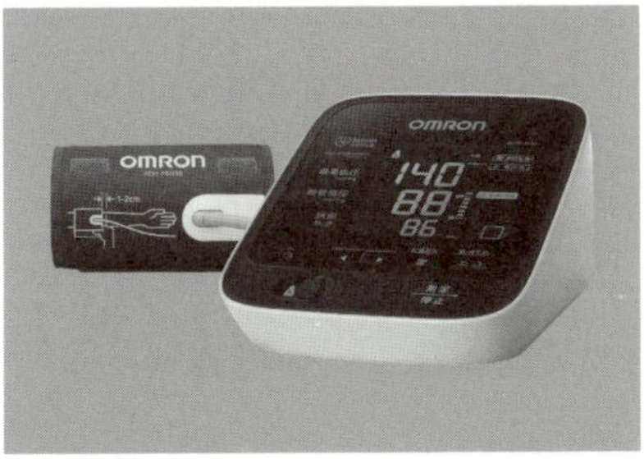

上腕式（写真提供：オムロン ヘルスケア株式会社）

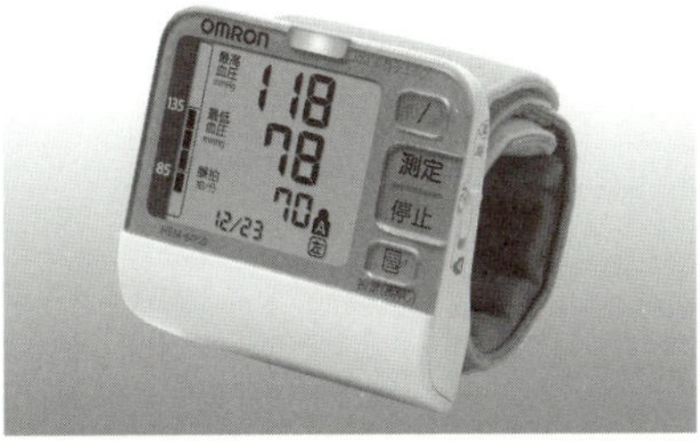

手首式（写真提供：オムロン ヘルスケア株式会社）

手　順

1 電源や電池残量を確認し、正しく作動するか血圧計を点検します。

2 「ご気分はいかがですか？　血圧を測りますね、軽く深呼吸してください」と声をかけ、対象者をリラックスさせます。

memo

memo

3 上腕式の場合は、手のひらを上に向け、マンシェット（腕帯）が肘《ちゅう》関節の２～３cm上にくるように当てます。きつく巻きすぎず指１～２本入る程度にマンシェットを巻きます。皮膚の弱い人や高齢者は薄い衣服の上から巻いてもかまいません。

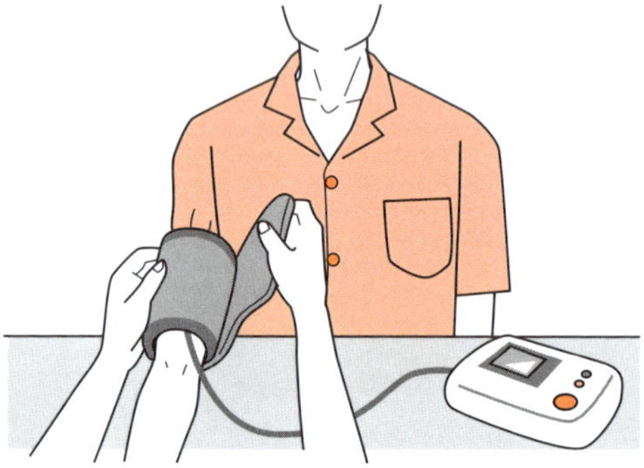

4 内蔵センサーの位置が上腕動脈にあたるようにします。器具によって操作が異なる場合があるので、取扱説明書の指示を守りましょう。

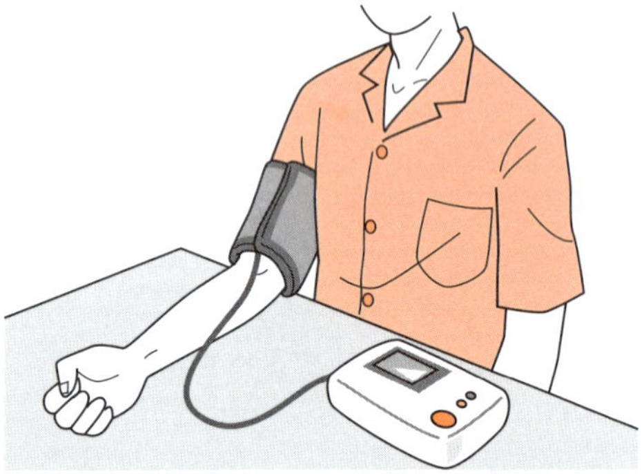

5. 基本的に右腕の上腕部で測定しますが、麻痺《まひ》がある場合は健側の腕で、側臥位《そくがい》の場合は上側の腕で測定します。

6. 肘を軽く伸ばして、測定部位が心臓と同じ高さになるようにします。

7. 対象者が安全で安楽な体位に整え、マンシェットをゆっくりと加圧させます。
加圧しすぎると、痛みを訴えることがあります。また、無理な体位は血圧を上昇させます。

8. スタートボタンを押します。対象者の状態を見守り、測定値が確定し、自然に減圧するのを待ちます。

9. マンシェットを減圧させて、測定値を記録します。何らかの理由で再測定する場合は、圧を完全に下げ、少し安静にしてからスタートボタンを押します。

10. 「お疲れさまでした」と終了を伝え、記録をまとめます。

memo

ケアのポイント

- 処方された薬の効きすぎや飲み忘れ、飲み間違いによって血圧が変動するケースがあるため、高齢者の場合は注意と見守りが特に必要です。
- いつもより明らかに数値が高い（低い）場合、まず測り方に間違いがないか、次に器具を点検し故障の有無を確認します。これらに異常がなければ、２～３回深呼吸をしてもらい、再計測をします。
- 対象者によって、緊張し高い数値を示すケースがあります。対象者がリラックスできるように心がけましょう。また、正しい姿勢で測定するようにします。
- 日ごろから血圧が高い人に、入浴など血圧に影響するケアをするときは、あらかじめ医療職の指示をもらっておくと安心です。
- 日ごろの血圧と比べて大きく数値が高い（低い）場合は、ふだんと異なった様子がないか注意深く観察し、速やかに家族や医療職に連絡をとります。

NG! これは医行為です

- 介護職は、水銀血圧計を使用して測定することはできません。

得する知識

- 臥位《がい》から座位《ざい》、座位から立位《りつい》など、対象者の体位を変えるとき、急に身体を動かすと、一時的に血圧が低下する「起立性低血圧」を起こすことがあります。ひどい場合は立ちくらみやめまいを起こして、転倒し、骨折することもあります。少しずつベッドの角度を上げる、介護職が身体を支えながらゆっくりと行う、などの配慮が必要です。

☑ 手順チェックリスト

☐ **部屋の温度は適切ですか？**

寒いと血圧は上がります。室温はこまめに調節しましょう。

☐ **排尿前、排便前ではないですか？**

排泄をがまんしていると血圧は高く測定されます。

☐ **食事や、身体を動かした後ではありませんか？**

食事直後や動いた直後の測定は避け、５分ほどは安静にしてから測定します。入浴後に測定する場合は、水分補給が済み、心身ともに落ちついてから行います。

☐ **（麻痺のある人の場合）麻痺側で測っていませんか？**

麻痺がない、健側の腕で測ります。

☐ **たくし上げた袖が腕を圧迫していませんか？**

ぴったりした服や下着で素肌を出すのが困難な場合、服の上からマンシェットを巻きましょう。

☐ **対象者の日ごろの血圧を把握していますか？**

血圧は、同じ人でも日内変動や季節性、感情の起伏などで変化します。対象者の体調の変化も合わせて記録することを忘れずに。

パルスオキシメータの装着

基礎知識

- パルスオキシメータは、脈拍数と酸素飽和度（SpO_2）を計測する器具です。在宅酸素療法の患者などに用いられます。
- 酸素飽和度（SpO_2）は正式には経皮的動脈血酸素飽和度といい、血液中にどの程度酸素が含まれているかを％（パーセント）で示すもので、その人の呼吸状態を知る目安となります。
- 健康な人の酸素飽和度は96～100％で、呼吸機能が低下すると酸素飽和度は低い値になります。
- 高齢者の場合、歩いた後に息切れがしたり、呼吸回数が多くなったりします。
- パルスオキシメータは指先に大きな洗濯バサミ状のもの（プローブ）を挟んで測定します。
- 呼吸機能障害のある人の場合、日ごろの経過観察に利用されています。
- 介護職は、新生児と入院治療の必要のある人を除いて、医師の指示のある人にパルスオキシメータを装着することができます。

必要な物品

・パルスオキシメータ
・消毒綿

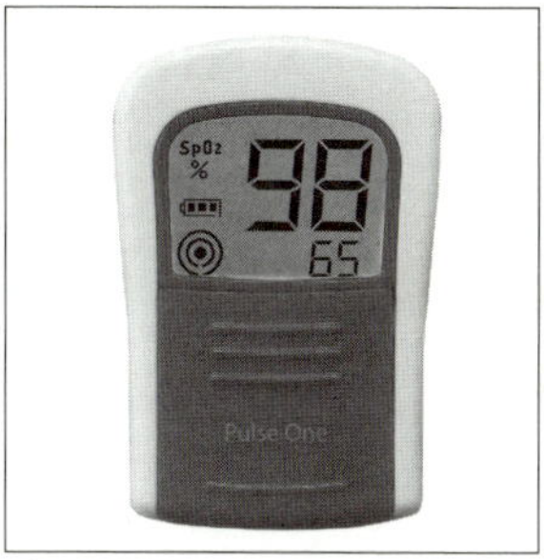

パルスオキシメータ
（写真提供：オムロン ヘルスケア株式会社[パシフィックメディコ社製]）

手　順

1. 測定前に器具を点検します。パルスオキシメータの電源を入れ、正常に作動するか、器具に破損がないかを確認します。

2. 対象者に声をかけて、測定する指の状態を確認します。基本的には人差し指ですが、麻痺や痛みがない指を選びます。

3. パルスオキシメータを装着します。器具によって操作方法が異なる場合があるので、正確に取り扱いましょう。
表示される数値が落ちつくのを待ちます。

memo

memo

4 測定が終了したら器具をはずし、測定値を記録します。

5 「お疲れさまでした」と終了を伝え、記録をまとめます。

6 終了後は器具を消毒綿で拭き、保管します。

ケアのポイント

- 貧血がある人は数値が低めに出やすく、指先が冷たかったり、浮腫《ふしゅ》がある場合はうまく測定できない場合があります。
- 電磁波の影響を受けるため、携帯電話など電磁波を発するものをかたづけて、測定場所に注意して行いましょう。

得する知識

- 指先が冷たすぎる場合は、お湯か温タオルで温めてから測定しましょう。

☑ 手順チェックリスト

□ **測定する指は適切ですか？**

極端に変色していたり、マニキュアを塗っている爪はデータが不正確になります。爪が汚れているときは、清潔にしてから器具を装着します。

□ **器具は正常に作動していますか？**

電源や電池残量の確認とともに、発光部が正しく動いているかチェックします。

□ **測定場所の近くに電子レンジや携帯電話はありませんか?**

パルスオキシメータは電磁波の影響を受けるので、必要ならば、測定場所を変えて測定しましょう。

口腔内の清掃

基礎知識

- 口腔《こうくう》は、食物の残りなどで汚れ、細菌が繁殖しやすい場所です。口腔内の汚れは、う歯（虫歯）や炎症の原因となり、また誤嚥《ごえん》性肺炎などのさまざまな二次感染の誘因ともなります。
- 高齢者にとって口腔ケアは口の中を清潔にするだけでなく、二次感染を防止し、心身をリフレッシュする重要な役割を担っています。
- 口臭を予防し、口腔の機能（咀嚼《そしゃく》、飲み込み、発音など）を維持し、歯の喪失を防ぐほか、食欲の維持、増進をうながすためにも欠かせないケアです。
- ここでは、さまざまな方法で行う口腔内の清掃について説明します。

うがい

- 口腔内の汚れや残った食物を取り除くために、うがいは簡便で有効な方法です。朝夕のケアや食事の前後などに行いましょう。水やぬるま湯だけでもよいのですが、番茶やレモン水を使うと、口の中がさっぱりします。
- 食前に行うと爽快《そうかい》感が増し、唾液や胃液の分泌をうながして食欲の増進にもつながります。
- うがいは口腔内の乾燥も防ぎ、風邪やインフルエンザの予防にも効果的です。医師からの指示がある場合は、うがい薬を使用します。口腔内の乾燥には、市販の口腔ケア用保湿剤も活用できます。

必要な物品

・コップまたは吸い飲み　・ガーグルベース
・タオルなど　・ディスポーザブル手袋（使い捨て手袋）
・うがい薬（医師からの指示があるとき）

吸い飲み

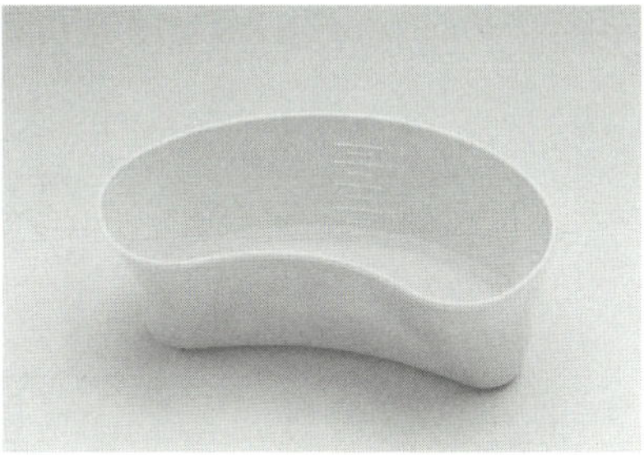

ガーグルベース

手　順

memo

1 「○○さん、うがいをしましょう」と声をかけます。

2 誤嚥を防ぐために、安全で安楽な体位に整えます。

3 対象者の衣服が汚れないよう、胸にタオルなどをかけます。

memo

4 顎《あご》を引いた姿勢で行います。
座《ざ》位《い》が困難で寝たままで行う場合、ギャッジベッドであれば側《そく》臥《が》位《い》にして、30〜60度に起こします。ギャッジベッドでないときは、クッションなどで角度を設け、頭を軽く側方に向けます。

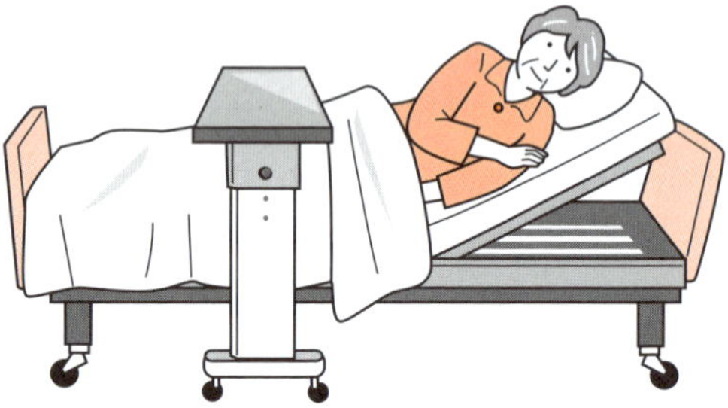

5 水やぬるま湯を口に含んでもらいます。座位で行うときは、吸い飲みを使い、対象者の口《こう》角《かく》に当て、少量の水やぬるま湯を口に含ませて吐き出す行為を繰り返します。医師の指示がある場合は、うがい薬を使用します。

6 すすぎが終わったら、清潔なタオルで口の周りを拭きます。

7 「お疲れさまでした」と終了を伝え、記録をとります。

memo

歯みがき

●歯ブラシと歯みがき剤を使って歯をブラッシングする口腔ケアです。

●歯に付着した食物の残りを取り除き、歯垢《しこう》が付くのを予防します。

●毎食後・寝る前に行うのが望ましく、また、歯みがき時にもうがいを十分に行います。

必要な物品

- 歯ブラシ（歯間ブラシ）
- 歯みがき剤
- コップまたは吸い飲み
- ガーグルベース
- タオルなど
- ディスポーザブル手袋（使い捨て手袋）

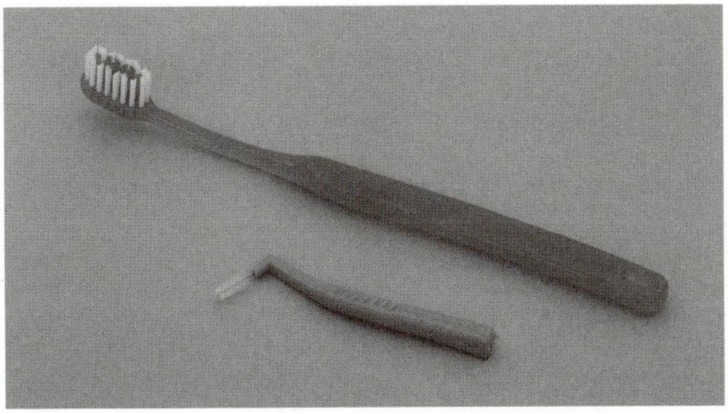

歯ブラシ、歯間ブラシ

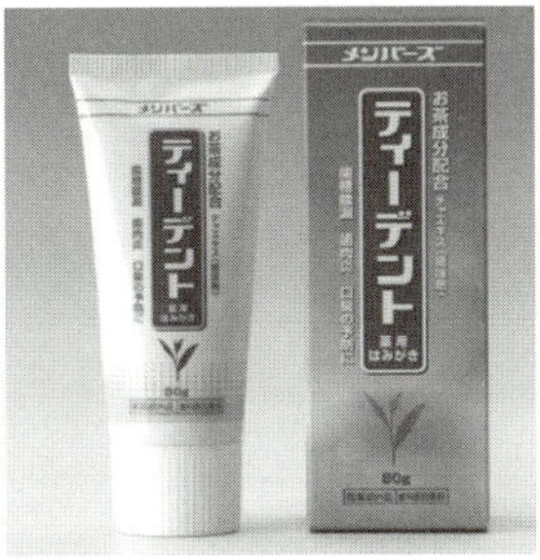

歯みがき剤
（写真提供:日本ゼトック株式会社）

memo

手　順

1 「○○さん、歯をみがきませんか?」と声をかけます。

2 対象者が安全で安楽な体位に整えます。可能な限り、立位《りつい》・座位・側臥位で実施します。

3 対象者の衣服が汚れないように、胸にタオルなどをかけます。

4 うがいをしてもらい、口腔内を湿らせます。

5 歯ブラシの毛先を水で湿らせます。歯みがき剤は付けても、付けなくてもよいですが、3～4分ていねいにみがきます。
自分でできる人は、できるだけ自分でしてもらいます。高齢者や麻痺《まひ》のある人など、自分で十分にできない人はみがき残しがないか確認しましょう。

6 自分でできない人には介助をします。歯みがき剤は使わず、歯ブラシの毛先を水で湿らせ口腔内を傷つけないように、鉛筆を持つくらいの力で優しくていねいにみがきます。
よくみがけたら、口腔内がきれいになるまで数回口をすすぎます。ガーグルベースを対象者の頬に密着させ、口角から吐き出してもらいます。

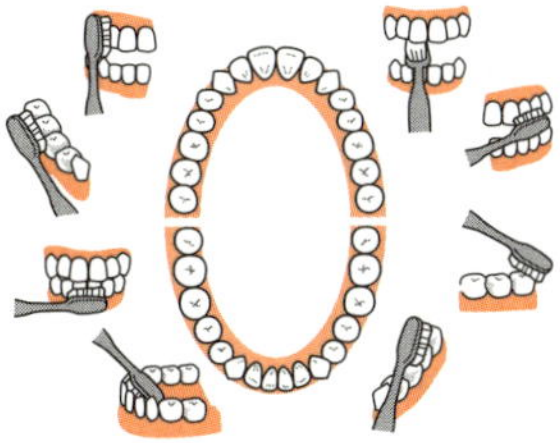

7 すすぎが終わったら、清潔なタオルで口の周りを拭きます。

8 歯肉からの出血など異状がないか、確認します。

9 「お疲れさまでした」と終了を伝え、記録をとります。

memo

その他の清掃方法

●歯のない人やむせて誤嚥《ごえん》の危険がある人などは、スポンジブラシや指に巻いたガーゼを使って、口腔内を清潔にします。

●嚥下《えんげ》状態の悪い人はむせやすく誤嚥性肺炎を起こしやすいので、十分に口腔ケアを行い、清潔に保つようにしましょう。

●経管栄養をしていて口から食事をとっていない人は、唾液の分泌が減少して口腔内の自浄作用ができにくく感染症を引き起こしやすいので、口腔内の清潔保持が特に重要となります。

●スポンジブラシは薬局や福祉用具販売店で購入できます。

必要な物品

・スポンジブラシ（口腔内清掃用ブラシ）またはガーゼ
・コップ
・うがい用のコップまたは吸い飲み
・ガーグルベース
・タオルなど
・ディスポーザブル手袋（使い捨て手袋）
・うがい薬（医師からの指示があるとき）

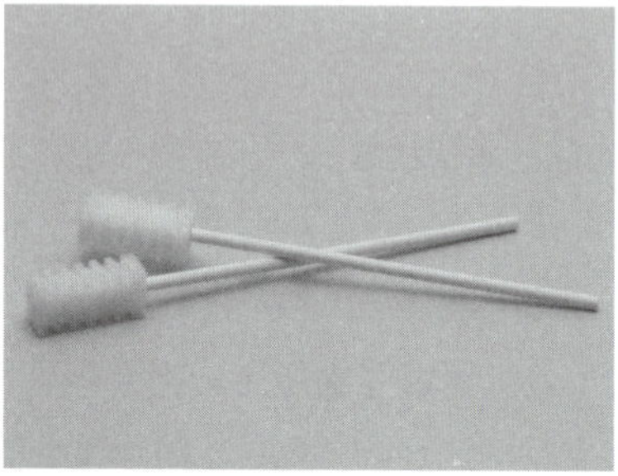

スポンジブラシ
（写真提供：日本ゼトック株式会社）

手　順

1. 「○○さん、お口のなかをきれいにしましょう」と声をかけます。

2. 対象者が安全で安楽な体位に整えます。可能な限り、立位・座位・側臥位で実施します。

3. 対象者の衣服を汚さないように、胸にタオルなどをかけます。

4. うがいができる人には、うがいをしてもらいます。

5. スポンジブラシ（またはガーゼ）を、コップに入れた水やぬるま湯に浸し、よく絞ります。コップの内側に押し当てると、効率よく絞れます。水分が多すぎると、むせやすくなりますので気をつけましょう。

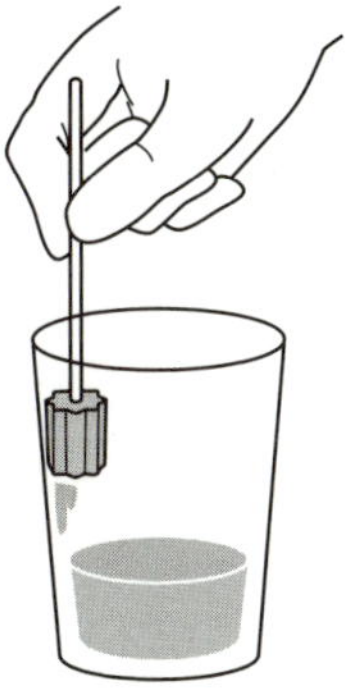

memo

memo

6 スポンジブラシ（またはガーゼ）で、口腔内をよく清掃します。まず、上側の歯、歯肉を拭きます。

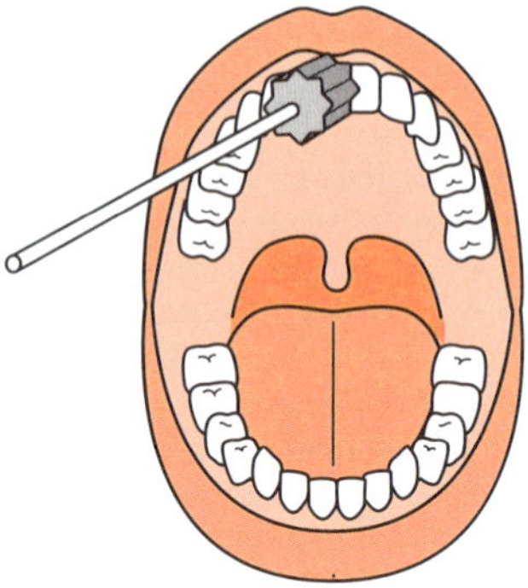

7 スポンジブラシ（またはガーゼ）を洗って、次に、下側の歯、歯肉を拭きます。最後に、口蓋《こうがい》、舌、頬《ほお》の内側も清掃します。いずれも奥から手前に向けて拭きます。舌は、前に軽く出してもらい、先端をガーゼを用いて保持すると、拭きやすくなります。

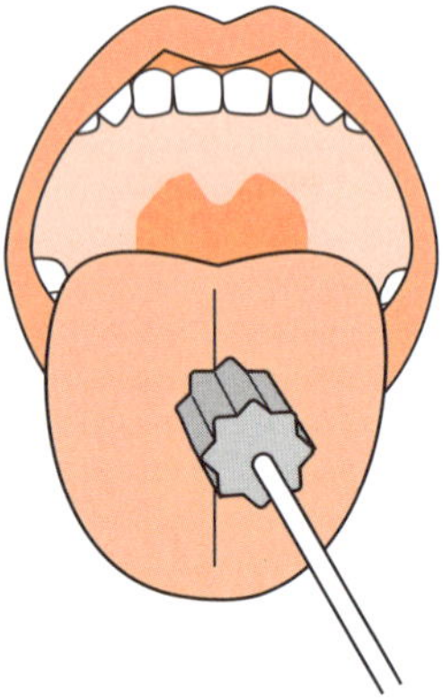

8 うがいができる人には、よく口をすすいでもらいます。

9 医師の指示がある場合は、うがい薬や消毒液を使います。

10 すすぎが終わったら、清潔なタオルで口の周りを拭きます。

11 歯肉からの出血など異状がないか、確認します。

12 「お疲れさまでした」と終了を伝え、記録をとります。

memo

義歯の手入れ

●義歯（入れ歯）を使用している人は、義歯と歯肉の間、義歯と歯の間に食物が残りやすく、カンジダ（カビの一種）が繁殖する原因となります。自分で義歯の手入れができない人は、介護職が気をつけて手入れをします。できれば、毎食後取りはずし、水道水で歯ブラシなどを用いて汚れを洗い流してください。

●夜間は、口腔内の圧迫を除くために寝る前にはずし、入れ歯が乾燥しないように、水やぬるま湯を入れたケースに保管します。

●日中やむをえずはずすときも、乾燥しないように同様に保管します。保管する容器は、義歯ケースなど専用のものを用いるとよいでしょう。

●長期間義歯をはずしたままでいると、歯肉がやせて義歯が合わなくなります。義歯がきちんと合わないと食事の摂取にも影響します。可能な限り、日中は義歯を入れておきましょう。

必要な物品

・歯ブラシ　・ガーゼ
・義歯用の容器（プラスチック製容器でもよい）
・ディスポーザブル手袋（使い捨て手袋）

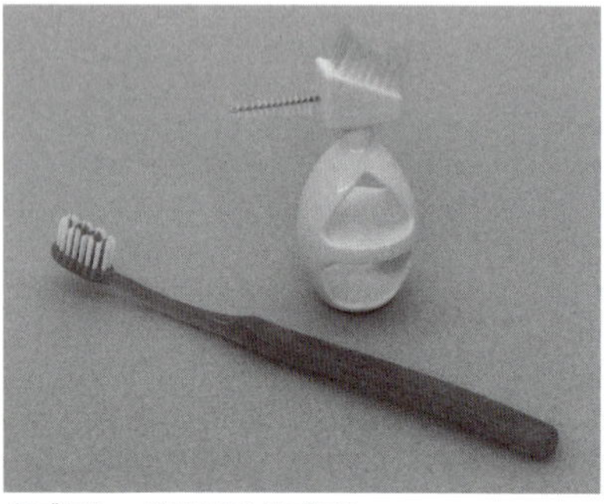

歯ブラシ、義歯用の歯ブラシ

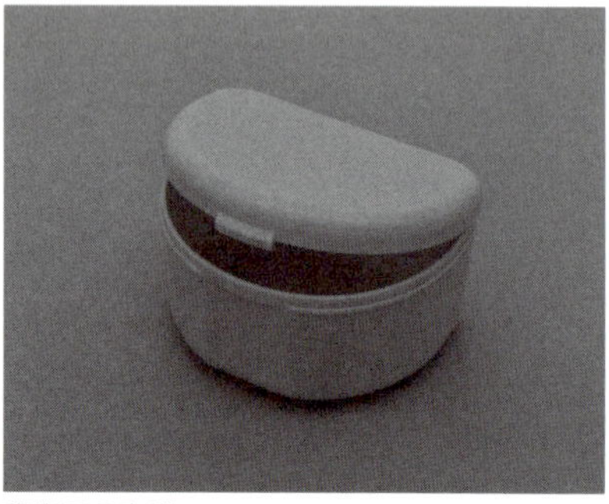

義歯用の容器

手　順

memo

1 対象者に義歯をはずしてもらいます。

2 流水で、歯ブラシを使ってきれいに義歯の汚れを洗い流します。

3 義歯を入れる歯と歯の間や内側もていねいに洗います。部分義歯は、金具もきちんと洗いましょう。

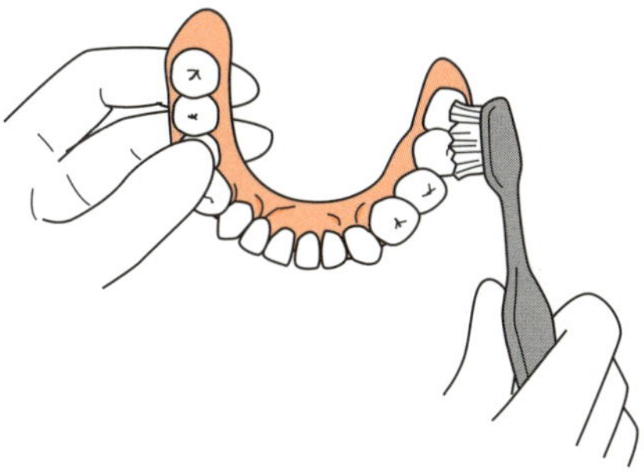

4 義歯が乾燥しないように、専用のケースに保管します。

ケアのポイント

- 対象者が認知症の場合、口腔ケアを理解できず、歯みがきを受け入れないことがあります。そんなときは「お食事はおいしかったですか？」などと声をかけ、コミュニケーションをとりながら少しずつ口を開けてもらうようにしましょう。
- ブラッシングで歯肉や口腔粘膜を傷つけて出血させてしまわないように、歯ブラシは小さめで、毛はやわらかいものを選びます。
- 口腔内の清掃中は噛《か》まれることがあるので、安心感をもってもらうために、声をかけながらケアします。
- 義歯を手入れする場合は、破損するおそれがあるので、気をつけて取り扱いましょう。
- うがいでむせる場合は誤嚥の危険性もあるので、医療職の指示を受け、注意点を確認しましょう。
- 舌苔《ぜったい》がみられても、無理にそぎ取ろうとせず、医療職に報告します。
- 舌の奥や咽頭《いんとう》部を刺激すると嘔吐《おうと》反射が出現するので、注意しましょう。
- 義歯洗浄剤に毎日つける必要はありません。

NG! これは医行為です

- 発赤《ほっせき》等、口内炎の症状や重度の歯周病がある場合は、医療職に相談しましょう。介護職の判断で、薬を塗ってはいけません。

☑ 手順チェックリスト

□ **残歯の本数や、どの歯が残っているか把握していますか？**

残歯がしっかりしているか、グラグラしているか、欠けているか、う歯（虫歯）はあるか、日ごろから確認しておきましょう。

□ **歯肉の状態に問題はありませんか？**

赤く腫《は》れていたり、出血している場合は、医療職に相談します。

□ **舌の状態はどうですか？**

色が変わっていないか、白いカビ状のものがはえていないか、できものがないかなど、舌の様子も確認しましょう。

□ **「いつもより口臭がひどい」などの異状はありませんか？**

口臭のほか、傷がある、痛みがある、炎症があるなど異状がみられたときは、医療職に連絡します。

□ **義歯の状態はどうですか？**

不適合な義歯や破損した義歯をそのまま使用していると、誤飲してしまうおそれがあるので注意が必要です。誤飲が疑われる場合は、医療職に相談しましょう。

耳垢の除去

基礎知識

●日ごろの耳のケアは、入浴や洗髪後などに耳の入口周辺にたまった水分をタオルなどで拭き取るだけで十分ですが、耳垢《じこう》がたまると、中耳炎や難聴の原因になる場合があります。

●耳垢がたまりやすいのは外耳道です。外耳道は耳の入口から鼓膜までの管で、ゆるいＳ字状の形をしており、3.5cmほどの長さです。

●耳垢には乾性でカサカサしたタイプと湿性でネバネバしたタイプがあり、日本人の約６割は乾性であると言われています。

●人によって耳垢の性質、量が異なるので、その人に合わせた掃除が必要です（脊髄《せきずい》損傷の人は、耳からの分泌物が多くなります）。

必要な物品

・耳かき　・綿棒
・オリーブ油（またはベビーオイル）
・ガーゼ　・ティッシュペーパー　・タオルなど

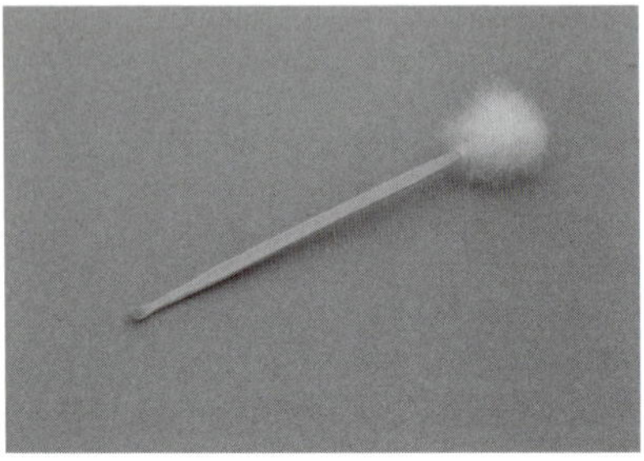

耳かき

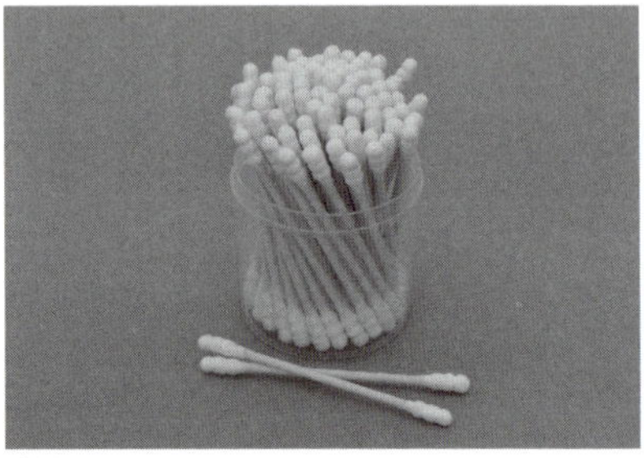

綿棒

手　順

1 「耳のお掃除をしましょう」と声をかけます。

2 耳の中がよく見えるよう、照明や自然光が入る明るい場所で行います。

3 安全に行うため、対象者に座《ざ》位《い》で安定した姿勢をとってもらいます。

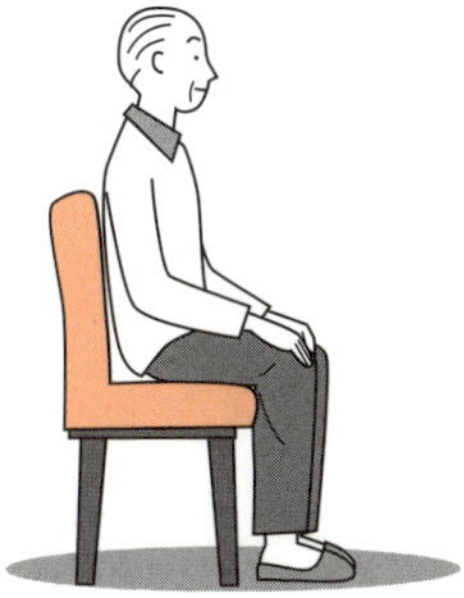

4 耳垢が奥へ入り込まないよう、静かに注意深く取り除きます。耳かきや綿棒の挿入は、１cm程度の見える範囲にとどめましょう。

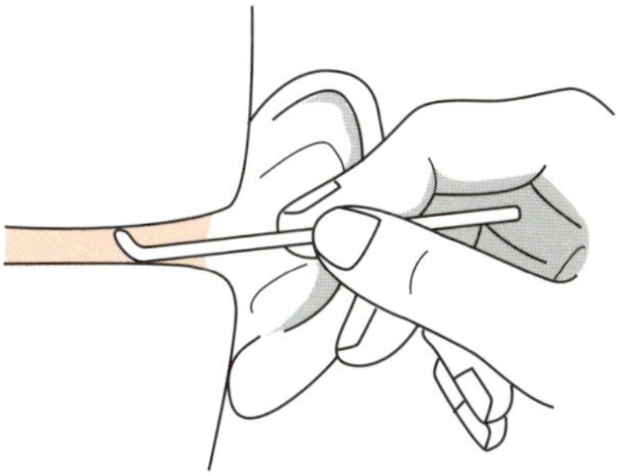

memo

memo

5 耳垢が固い場合は、綿棒をオリーブ油で湿らせ、やわらかくして取り除きますが、無理をしないように心がけてください。

6 耳たぶや耳の後ろは、湯で絞ったタオルなどで軽く拭きます。

7 使用済みの綿棒など汚れたものは、ビニール袋などに入れてから処分します。

8 「お疲れさまでした」と終了を伝え、記録をとります。

ケアのポイント

- 長期間耳掃除をしなかったために、耳垢が大量にたまっている場合は、耳垢塞栓《そくせん》（耳垢がたくさんたまり、詰まった状態）も考えられるので、医療職へ相談しましょう。
- 対象者が痛みを訴えたら、すぐに中止しましょう。
- 外耳道が腫《は》れている、湿疹がある、臭いの強い耳だれがあるなど、異状を発見した場合は、必ず医療職へ報告します。
- 入浴後や洗髪介助後は必ず、耳をタオルや綿棒で拭いてください。日ごろからきちんとケアし、耳垢がたまらないようにしましょう。

NG! これは医行為です

- 耳垢塞栓の除去は医行為です。

☑ 手順チェックリスト

□ 対象者に耳の病気はありませんか？

耳漏《じろう》（耳だれ）や鼓膜穿孔《せんこう》（鼓膜に穴があくこと）の既往があるときは控えます。

□ 耳掃除中にペットや幼い子どもに突然押されたりすることのない環境ですか？

安全を保てない場合では行わないほうがよいでしょう。

□ 対象者の耳垢に合った耳かき、あるいは綿棒ですか？

耳垢が乾性の場合、皮膚を傷つけにくい滑らかな材質の耳かきか綿棒を使用します。湿性の場合は、綿棒を使うほうが汚れが取りやすいでしょう。

爪切り

基礎知識

●爪はケラチンというたんぱく質でできており、指先を保護するとともに、指先に力を入れるときの支えの役目を果たしています。特に、足の爪は歩行のために大きな役割を担っています。

●伸びた爪は身体を傷つける原因となり、汚れがたまりやすく感染の原因にもなります。定期的な手入れで清潔さを保つことは対象者のQOLを高めることにもつながります。

●爪は加齢や健康状態によって変化します、ふだんから観察を心がけ、形や色の変化をチェックしておきましょう。

必要な物品

・爪切り（ニッパー式爪切り）
・爪ヤスリ
・消毒綿
・蒸しタオル

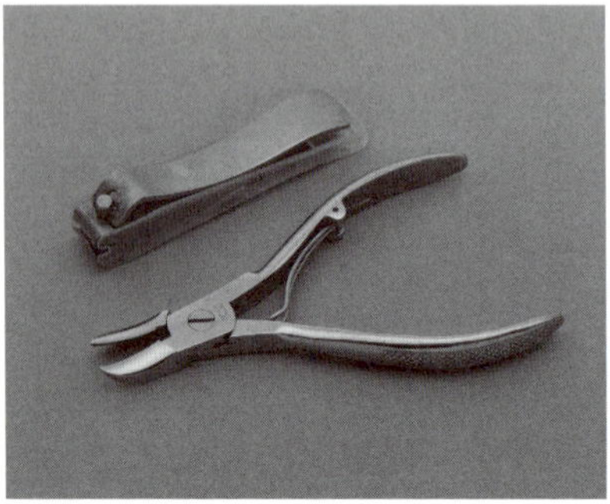

爪切り、ニッパー式爪切り

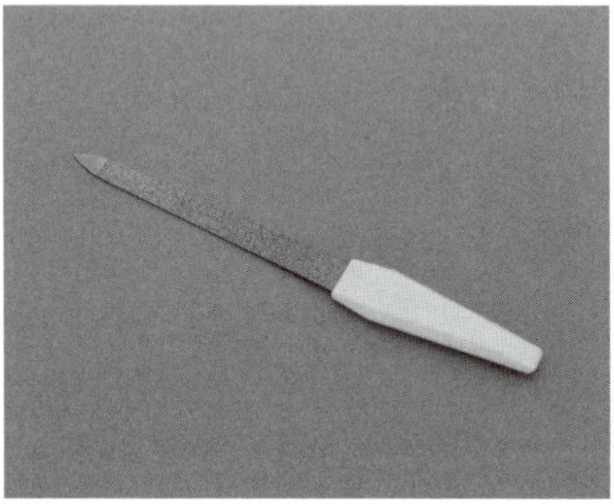

爪ヤスリ

手　順

1 「○○さん、爪を切りましょう」と声をかけます。

2 できれば、入浴後や手浴・足浴後に行います。爪をやわらかくしておくと切りやすくなるためです。入浴後にできないときは、蒸しタオルで温めてから切りましょう。

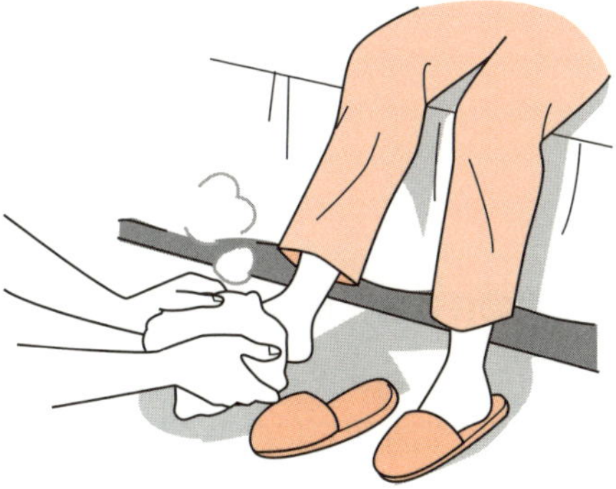

3 爪がよく見えるよう、明るいところで行います。

4 安全に切るために、対象者を安楽な姿勢に整えます。

memo

memo

5 爪切りは本人のものを使います。爪が周りに飛び散らないように、紙などを敷きます。指先を傷つけないよう、爪と指の間を広げるようにしてしっかりと押さえ、少しずつ切ります。

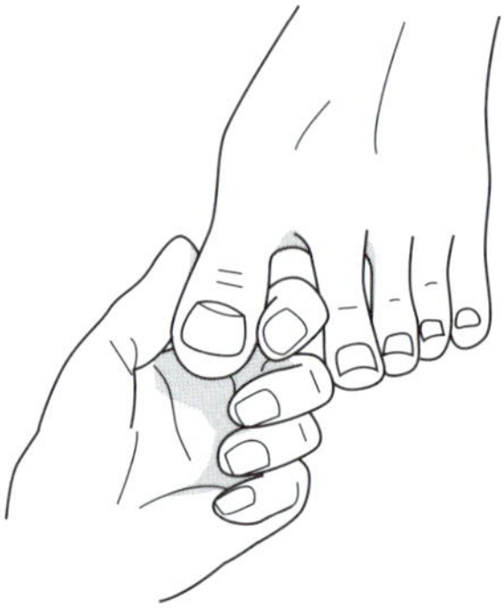

6 爪の長さは先端の白い部分が１mm前後残るくらいにします。足は、巻き爪を防ぐため、爪の上端を平らに四角く切る「スクエアカット」が基本です。

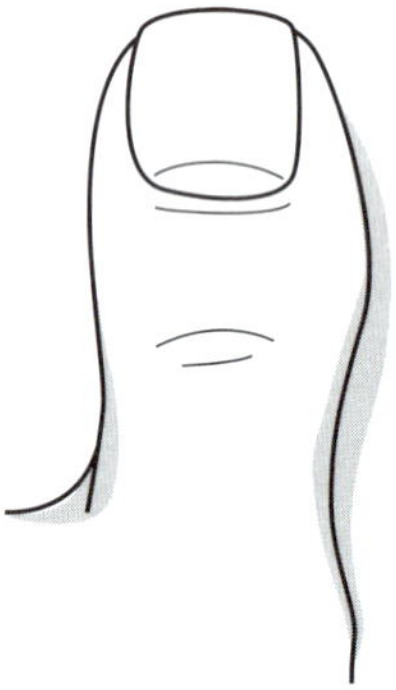

7 寝たきりの人の場合、手指の皮膚がやわらかく傷つきやすいので、十分注意します。やすりがけだけでも十分です。

8 爪切りが終わったら、必ずやすりがけを行います。爪の先端が滑らかになっていることを確認します。

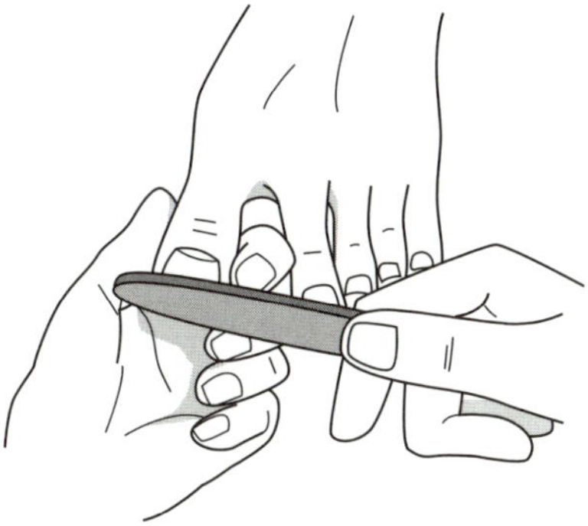

9 「お疲れさまでした」と終了を伝え、記録をとります。

memo

ケアのポイント

- 感染防止のため、爪切りの使い回しはやめましょう。
- 爪の周囲の皮膚に化膿《かのう》や炎症、巻き爪、爪水虫（爪白癬《つめはくせん》）など、トラブルを発見したときは医療職に相談しましょう。
- 実施後は手をよく洗い、介護職自身の清潔管理を忘れないようにしましょう。
- 入浴後は爪がやわらかくなって切りやすいですが、少しでも傷つけると出血しやすくなっているので注意が必要です。
- 寝たきりの人の場合、爪の下の皮膚が爪にぴったりとくっ付いていることがあります。皮膚を傷つけないよう、指の腹の部分を付け根に引っぱりながら注意深く切りましょう。
- スクエアカットにするのが難しい爪もあります。両端の白い部分が極端に残るとひっかかってかえって危険なので、ケースごとに調整しましょう。
- 両角を切り落としたり、深爪《ふかづめ》をしないようにしましょう（巻き爪の原因となります）。
- 万一、傷つけてしまったときは、速やかに医療職に報告し、指示を受けます。

NG! これは医行為です

- 変形した爪は皮膚科で対応してもらいます。
- 介護職は、爪の周囲の皮膚に化膿や炎症がある人の爪切りは行えません。
- 介護職は糖尿病等の疾患がある人の爪切りは行えません。糖尿病のある人は感染に弱い状態にあり、爪切りで皮膚を傷つけると、感染症を引き起こすおそれがあるからです。

☑ 手順チェックリスト

□ 対象者の爪切りをする手や足は、固定できるように介助しましたか？

対象者の手や足が固定されずに動いてしまうと、思わぬ事故につながります。

□ 爪切りの後は必ず爪ヤスリをかけて、角《かど》がないことを確認しましたか？

ひっかき傷をつくったり、衣服に爪をひっかけたりなどの事故を防ぐためです。

□ 切った爪が飛び散っていませんか？

足で踏んでけがをする場合がありますので、後かたづけをきちんとしましょう。

ひげそり

基礎知識

●ひげそりは、洗顔・整髪と同じく、男性にとって身だしなみを整えるための日常的な生活習慣です。

●ひげそりは口の周りの清潔さを保つだけでなく、爽快《そうかい》感が生活にめりはりを与え、対象者のQOLを保つことにもつながります。

●身体が不自由になったり高齢になると、身だしなみを整える能力が低下したり、気分的にもおっくうになりがちですが、習慣にすることで、有効な生活支援になります。

●毎日できる方法を工夫し、朝の洗顔・口腔《こうくう》ケア・整髪などと一緒に行えるように準備をしましょう。手の届くところに鏡を置いておくことも意識付けになります。

●介護職はカミソリを使ったひげそりを行ってはならないので、ここでは、対象者がひげをそる際の支援について説明します。

必要な物品

・洗面器
・タオル
・お湯
・鏡
・バスタオル
・ビニールシート
・電気カミソリ（T字カミソリ）
・石けんまたはシェービングクリーム

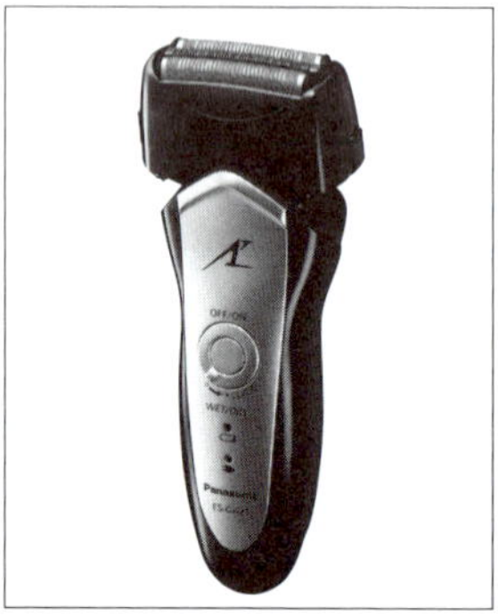

電気カミソリ
（写真提供：パナソニック株式会社）

手　順

1 「○○さん、ひげをそりませんか？」と声をかけます。

2 ベッド上で行う場合、座《ざ》位《い》をとってもらいます。オーバーテーブルを置き、ビニールシートとバスタオルを重ね敷きします。次にお湯を入れた洗面器をそばに用意します（離床できる場合は洗面所で行います）。

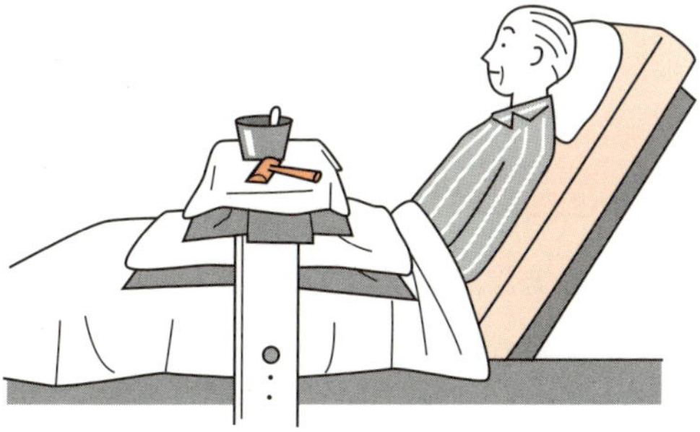

3 タオルをお湯に浸して蒸しタオルにします。蒸しタオルを当て、ひげをやわらかくします。

4 T字カミソリの場合は、石けんまたはシェービングクリームを泡立て、顔や顎《あご》に塗ってもらいます。

memo

memo

5 「気をつけてください、カミソリです」と注意をうながし、カミソリを渡します。

6 ひげそり中に皮膚を傷つけないように見守り、そり終わったら、カミソリを注意しながら受け取ります。

7 新しい蒸しタオルを当て、皮膚に残った石けんなどを拭き取ります。

8 カミソリをきれいに洗浄し、水気を拭き取って安全な場所に保管します。

ケアのポイント

●口の周辺に湿疹《しっしん》や傷などがある場合、ひげそりは控えましょう。

●電気カミソリを使う場合は、高齢者は皮膚が弱くなっているので、カミソリを強く押し付けないようにしましょう。

●ひげそり後は、皮膚の保護のために保湿ローションやクリームをつけるのを忘れないようにしましょう。

NG! これは医行為です

●カミソリを使用してのひげそりは、介護職はできません。「そり残しをきれいにしてほしい」と依頼された場合は、電気カミソリを使用します。T字や長刃のカミソリを使ってはいけません。

☑ 手順チェックリスト

□ 終了後のカミソリはきちんと保管しましたか？

近くに子どもやペットがいると、さわったりして思わぬ事故が発生します。介護職本人の安全にもかかわるので、終了後は速やかにかたづけましょう。

□ ひげそり負けや切り傷はありませんか？

小さな傷でも、免疫力の低い高齢者は化膿《かのう》する可能性があります。傷がついた場合は医療職に報告し、適切な指示を受けましょう。また、皮膚の弱い高齢者は電気カミソリでもひげそり負けを生じる場合があり、注意が必要です。

□ 本人がカミソリを使えますか？

片麻痺《へんまひ》がある場合などは電気カミソリを使い、できるだけ本人がそれるような工夫をしましょう。

また、市町村によっては無料や安価な訪問理容サービスがあります。本人がひげそりをできないなどで、定期的な理髪・ひげそりが必要なときは、ケアマネジャーに相談しましょう。

薬剤使用時の介助

基礎知識

●高齢者の多くはいくつもの疾患をかかえています。複数の診療所や病院から薬を処方されていることがあり、使用する薬の種類も多い傾向にあります。

●薬は病気を治療するためのものですが、服用時間や服用方法、管理状態が適切でないと、効果が期待できないばかりか、症状が悪化する場合も生じます。用法、用量、注意事項をきちんと守ることが大切です。

●高齢者は成人に比べ、腎臓《じんぞう》や肝臓《かんぞう》の代謝機能が低下しているため、薬の成分が体内に残って蓄積してしまう傾向があります。そのため、副作用が現れる確率も高くなります。

●介護職は薬の飲み忘れがないか、軟膏《なんこう》などを正しく使っているかを把握し、体調の変化に気をつけて、異状がある場合は必ず医師や薬剤師などの医療職に伝えましょう。

①経口薬

必要な物品

・経口薬　・コップまたは吸い飲み　・トロミ剤
・水または白湯《さゆ》　・服薬ゼリー
・服薬カレンダー　・ディスポーザブル手袋（使い捨て手袋）

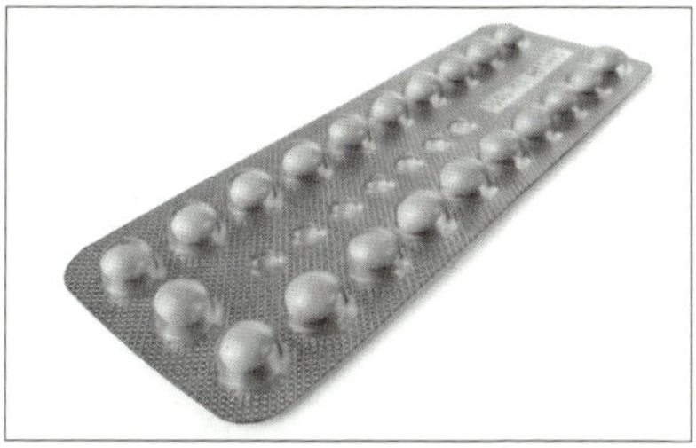

経口薬（©ZTS-Fotolia.com）

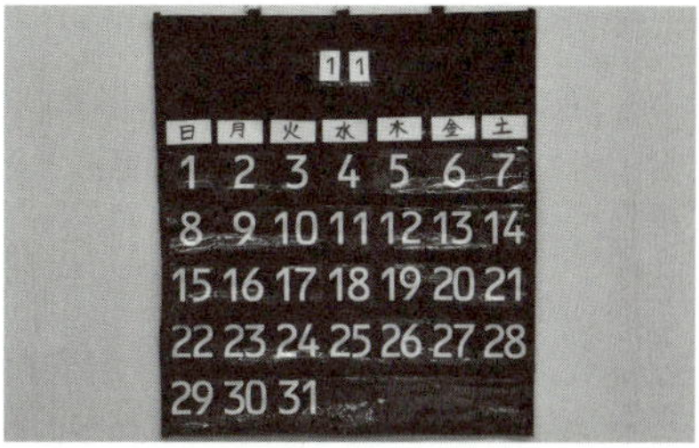

服薬カレンダー

- 介護職は「一包化された内用薬」の服用支援が行えます。「一包化された内用薬」は、同時に服用する複数の薬を一つの袋に調剤したものです。
- 服薬は決められた量、回数、飲み方（食前、食後など）を指示どおり行います（「薬の飲み方」および「薬の形態と管理」の表を参照）。指示された量よりも多く飲んだり、短い間隔で飲んだりすると、薬が効きすぎて副作用を起こすことがあります。反対に、量が少なかったり間隔が空きすぎた場合は、期待された効果が得られないことにもなります。
- 薬の服用で症状が軽くなったからといっても、本人や介護職が勝手に、服用の中止等の自己判断をしてはいけません。まず症状を医療職に話して相談しましょう。

■ 薬の飲み方

種　類	服用時間	主な薬
食前薬	食直前または食前 30 分までに服用	血糖降下剤、吐き気止め、食欲増進剤
食後薬	食直後または食後 30 分後に服用	降圧剤
食間薬	食後２～３時間後に服用。食事と食事の間に服用 例：朝食と昼食の間の時間	漢方薬
就寝前薬	就寝 30 分前または就寝時に服用	眠剤、便秘薬
時間服薬	指定された時間に服用する薬	抗生剤、麻薬系の痛み止め
頓服薬	症状が現れたときに服用する薬 例：痛みのある場合、発熱のある場合、喘息の発作時など	解熱剤、痛み止め、喘息薬、舌《ぜっ》下《か》剤

■ 薬の形態と管理

種　類	摂取方法	注意点と管理
細粒剤 散剤	経口	・飲むときに飛び散りやすく、せき込んだりむせたりしやすい ・口の中に残りやすい
		湿気のない場所に保存 有効期限：通常６か月〜１年
カプセル剤 錠剤	経口	・色やにおい、味、溶解性等が考慮されているので、原型を壊さないで服用する
		湿気のない場所に保存 有効期限：通常６か月〜１年
液剤 シロップ剤	口腔内	冷所、冷蔵庫保存 有効期限：通常７日間
トローチ剤		・噛まずにゆっくり溶かす
舌下剤《ぜっか》		・舌の下に入れて溶かす
チュアブル剤		・口の中で噛みくだく

memo

手　順

1 「○○さん、お薬の時間です」と声をかけます。

2 誤嚥《ごえん》を避けるため、適切な体位になってもらいます。臥位《がい》の人もできるならば、座位《ざい》またはベッドを30〜60度にギャッジアップして上体を起こすとよいでしょう（嚥下《えんげ》障害のある場合や認知症高齢者の場合は、特に注意が必要です）。

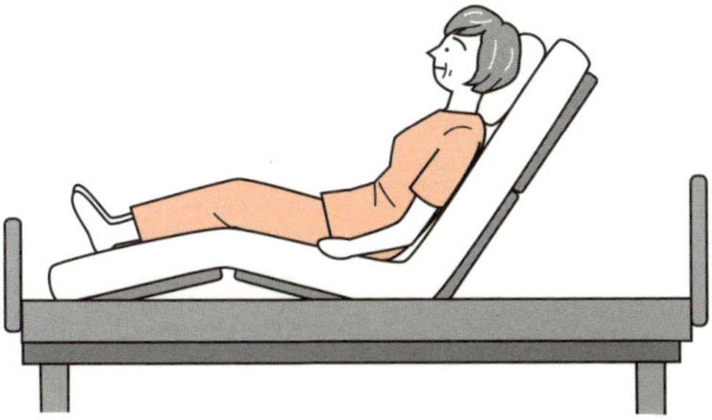

memo

3 水または白湯を準備します。

4 薬を確認します。
自分で包装から出せない人の場合は、介護職が薬を出します。

5 自分で飲める人には、薬と水または白湯を渡します。自分で飲めない人には、口に薬を入れてあげて、食道に薬が張り付かないように、十分な（コップ１杯程度）水または白湯で飲んでもらいます。

memo

6 散剤や細粒剤は、口に水または白湯を含ませてから飲んでもらいます。オブラートに小分けにして包んだり、だんご状にして飲みやすくしてもよいでしょう。

7 水分にむせるようであれば、トロミ剤や服薬ゼリーを使用します。

8 薬がきちんと飲み込めているかを確認します。頬《ほお》と歯茎の間に挟まったり、上顎《うわあご》にくっ付いて口のなかに残っていることがあるので、確認してください。
薬が飲みにくい場合は、飲みやすい形状にできないか、医療職に相談します。

②軟膏薬

必要な物品

・軟膏薬　・ディスポーザブル手袋（使い捨て手袋）　・消毒綿

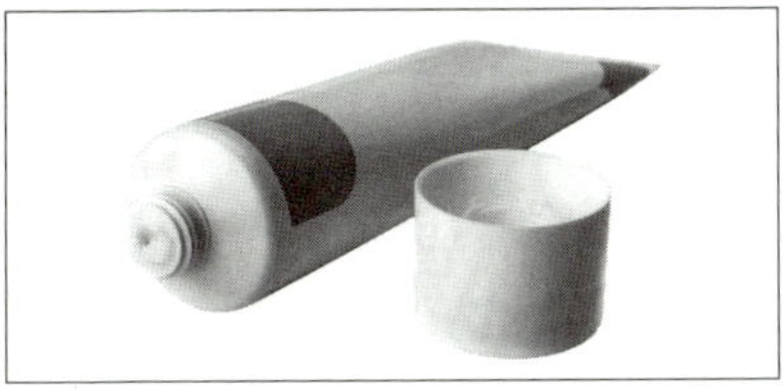

軟膏薬
(©ZTS-Fotolia.com)

●軟膏《なんこう》薬の塗《と》布《ふ》は軽度の傷、やけど、湿疹の治療、血行不良、痛みの改善など、日常生活のなかでケアが必要な場合に、医師の指示に基づいて実施します。

●軟膏薬には油脂性基剤のものと、乳脂性基剤の「クリーム剤」があります。

●油脂性基剤の軟膏は、皮膚への刺激は少ないですが、べたつき感が強く感じられます。

●乳脂性基剤は、べたつき感がさほどなく、塗布したときの伸びがよいのが特徴です。

■ 薬の形態と管理

種　類	摂取方法	注意点と管理
軟膏薬	皮膚や粘膜に塗る	有効期限：通常６か月～１年 直射日光が当たらない場所に保管する

手　順

1 「○○さん、お薬を塗りましょう」と声をかけます。

memo

memo

2. 皮膚の汚れや前回塗布した薬剤が残っているときは先に皮膚を洗浄したり、清拭《せいしき》するなどして清潔にします。
塗り方は医療職の指示に従います。

3. ディスポーザブル手袋を着用し、軟膏は1回分の使用量だけ取ります。容器の中に何回も指を入れないよう注意しましょう。

4. 薬剤は塗りすぎても効果はありません。塗布する部位に軽く伸ばします。ごしごしと力を入れてすり込んではいけません。

5. 手袋をはずし、手を十分に洗います。

6. 終了したら、薬剤のキャップをしっかり締め、適切な場所に保管します。

7. 「お疲れさまでした」と終了を伝え、記録をとります。

③坐薬

必要な物品

・坐薬《ざやく》　・ディスポーザブル手袋（使い捨て手袋）
・潤滑油（ワセリンやオリーブオイル）　・ティッシュペーパー

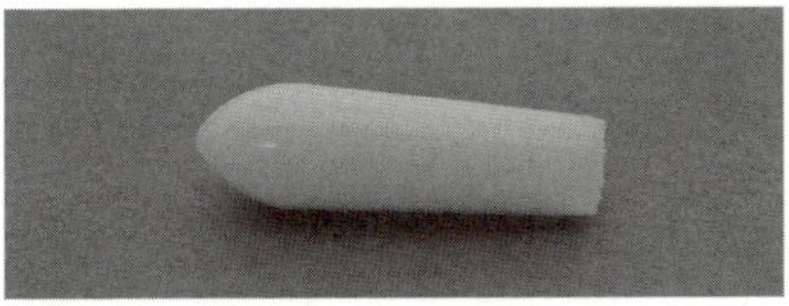

坐薬

- 坐薬は医師から事前に対象者の痛みがひどいとき、発熱時、便秘時などに頓用《とんよう》（継続して使用するのではなく、必要時に１回使用すること）の指示があり、依頼を受けた場合に介護職が行うことができます。
- 坐薬には痔《じ》の治療薬や緩下《かんげ》剤、解熱《げねつ》鎮痛剤、制吐《せいと》剤（吐き気止め）、抗痙攣《こうけいれん》薬などがあります。
- 坐薬は胃腸への刺激が少ないので、食事ができないときや、胃腸に病気がある人でも使用できます。薬を飲みたがらない人や、口からの服薬が困難な人にも適しています。
- 坐薬は、肛門から挿入することで直腸粘膜からの吸収をうながし、局所・全身的薬効が期待できます。

手　順

1 介護職は手をきれいに洗い、「○○さん、坐薬をしましょう」と声をかけます。

memo

memo

2 坐薬を使用する前に、医師の指示を確認します。

3 冷蔵庫から坐薬を取り出します。坐薬はアルミ箱やプラスチックフィルムで包装されているので、包装を取って使用します。

4 側《そく》臥《が》位《い》で下着を下げてもらいます。

5 ゆっくりと呼吸してもらいます。肛門の緊張を和らげるために、口を軽く開けて「あー」と発声してもらうと、薬の挿入がしやすくなります。

6 坐薬はロケット型をしており、とがったほうから挿入します。ディスポーザブル手袋をはめた手で坐薬を持ち、指の第一関節が入る深さまで、ゆっくりと挿入します。坐薬の先端に潤滑油をつけておくと、スムーズに挿入できます。坐薬がすぐに押し出されないよう、しばらくティッシュペーパーで肛門を押さえます。

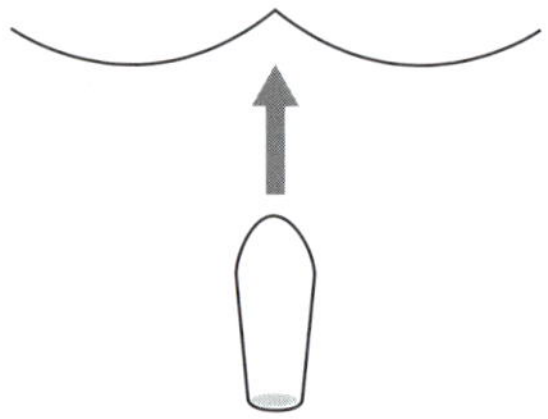

7 挿入したら、着衣を直し安静にしてもらいます。

8 ディスポーザブル手袋や、薬の包装紙、ティッシュペーパーなどを新聞紙等に包んで捨てます。

9 「お疲れさまでした」と終了を伝え、記録をとります。

memo

④薬の保管

- 薬の保管には十分な注意が必要です。薬の性質によって保管方法は異なりますが、注意書に従って適切に正しい場所で保管することが基本です。
- 薬局からもらった薬剤の取扱書とともに、子どもの手の届かないところに保管しましょう。
- 湿気（浴室や台所）や熱、直射日光を避けて、涼しい場所に保管しましょう。また、誤った服用を避けるため、誰にでもわかるように、決まった場所に保管することが大切です。
- 風邪薬など、臨時に処方された薬が残ったときは、医療職に報告して指示をもらいます。

ケアのポイント

- 内服薬のなかには、飲み方を間違えると危険な薬もあります。対象者の服用薬と服薬の方法について、必ず家族や医療職から説明を受けておきましょう。
- 粉薬にむせる、錠剤が飲み込めない、などの問題が生じた場合は、医療職に必ず報告、相談してください。また、薬の処方が変わったばかりのときは、薬の効きすぎや副作用のおそれがあるので、観察が必要です。

●内服薬は水や白湯以外のコーヒー、お茶、ジュース、ミネラルウォーターなどで飲まないように注意しましょう。

●使用期限の切れた薬を服用させてはいけません。使用期限の記載のない場合は、以下の点に注意しましょう

・水薬：1週間以上前の薬は使用しない

・通常の錠剤やカプセル：６か月以上前の薬は使用しない

●薬を２種類以上同時に服用するときは、相互作用で思わぬ事故が起こる可能性があります。処方薬と市販薬との併用は、必ず医療職に相談しましょう。

●軟膏薬を塗って皮膚が赤くなったり異状が起こった場合は、必ず医療職に相談しましょう。

●「蚊に刺されてかゆそうだから」と、手近な軟膏薬を介護職が独断で使用したり、「家族に頼まれたから」と、医療職の指示がない市販薬を塗布することは、決して行ってはいけません。軟膏薬でも重大な副作用を起こすことがあります。

●医師に処方された軟膏薬でも、長期間塗布し続けて症状の改善がみられなければ、医療職に報告し相談しましょう。

●坐薬は飲み薬よりも効き目が早く現れるので、急な血圧の低下や、痙攣《けいれん》を起こすことがあり、坐薬を挿入した後は観察が重要です。体調に異状があれば、家族や医療職に連絡をとります。

●坐薬の使用は、肛門からの出血の可能性がない場合に限られるので注意しましょう。出血などの異状があれば、家族や医療職に連絡をとります。

☑ 手順チェックリスト

□ **２種類以上の薬を服用する場合、一包化されていますか？**

介護職が行えるのは「一包化された内用薬の内服」です。一包化されていない複数の内服薬の使用にあたっては、医療職に連絡し、一包化してもらいましょう。また、薬の形状や対象者の状況により、飲み込みにくいような状態のときも、医療職に相談します。介護職の勝手な判断で、服用時に薬の形態を変更してはいけません。

□ **飲み忘れたり、服薬時間を間違えるなどのトラブルはありませんか？**

服薬カレンダーを活用するなどで飲み忘れが防げます。医療職に相談してください。

□ **トローチ剤、舌下剤の正しい服用方法を把握していますか？**

トローチ剤は口中で、舌下剤は舌の下でゆっくり溶かす薬です。飲み込んでしまわないように、注意が必要です。

□ **副作用について情報を確認していますか？**

経口薬の副作用は、服用後数時間で起こる場合、ある程度の日数がたって現れる場合など、さまざまです。症状も胃腸障害や発疹、発熱、ふらつきなどがあります。事前に医療職から副作用の説明を受けておき、異状があったらすぐに報告します。

□ **軟膏薬を塗布する前に、皮膚の状態を確認しましたか？**

皮膚が清潔になっているか、古い薬剤が残っていないかをチェックします。清潔にする方法については皮膚の状態にもよるので、事前に医療職に指示を受けておきましょう。また、１回の塗布量についても、指示を確認しておきます。

□ **坐薬の挿入前に排便は済ませていますか？**

坐薬の挿入途中または挿入後、すぐに排泄してしまうことがあります。排便目的でない場合は、排便後に挿入するほうが効果的です。また、坐薬の効き目は20～30分ほどで現れますが、挿入してから10分以内に排便してしまった場合は、新しい坐薬をもう一度挿入しなおす必要が生じることがあります。

□ **対象者は「坐薬」の意味を理解していますか？**

坐薬を「座って飲む薬」と思っている人が少なくありません。正しい使用法を伝え、間違って飲用しないように注意しましょう。

□ 薬の保管には注意していますか？

坐薬は体温程度（36℃〜38℃）で溶けるようにできています。日当たりのよい場所や夏場の車中、ストーブの近くなど、室温の高いところでの保存は避けてください。また「冷所保存」と書いてある場合は、冷蔵庫などで保存してください。

□ 飲み合わせについて把握していますか？

飲料物（ジュースや牛乳等）や食品（グレープフルーツや納豆等）の一部のものには、ある種の薬剤と飲み合わせると、副作用や相互作用が起こるといったリスクがあります。介護職は、具体的な注意点を知っておく必要があります。

薬に影響を与える飲み物	特に注意したい薬	副作用／相互作用
お茶 コーヒー 紅茶	・シメチジン（消化性潰瘍治療薬） →カフェインの作用で不整脈が出ることがある ・テオフィリン（気管支喘息治療薬） →カフェインとの相互作用で頭痛が起こることがある	タンニン酸、カフェインが、薬の吸収や効力を低下させたり、ある種の薬との相互作用で心臓に悪影響を及ぼす
牛乳	・テトラサイクリン系抗生物質（塩酸ミノサイクリンなど） →薬の吸収の低下 ・ニューキノロン系抗菌薬（シプロフロキサシンなど） →薬の吸収の低下	牛乳が薬の吸収や効果を低下させたり、逆に吸収や効果を増加させたりと、薬によって異なる影響が出る
グレープフルーツジュース	カルシウム拮抗薬（ニフェジピンなど）	一部の薬の代謝をじゃましてしまい、作用を強めることがある
アルコール	・抗うつ薬（塩酸イミプラミンなど） ・血液凝固阻止薬(ワルファリンカリウムなど) ・カルシウム拮抗薬（ニフェジピンなど） ・抗不安薬（トリアゾラムなど） ・経口血糖降下薬（クロルプロパミドなど） ・抗精神病薬（塩酸クロルプロマジンなど） ・催眠鎮静薬（フェノバルビタールなど） ・セフェム系抗生物質（セフメタゾールなど） ・抗ヒスタミン薬（マレイン酸クロルフェニラミンなど） ・消化性潰瘍治療薬（シメチジン） ・消化管運動改善薬（メトクロプラミド） ・解熱鎮痛剤（アスピリン） ※その他市販のかぜ薬にも注意すること	薬の代謝がじゃまされて、薬が効きすぎてしまうことがある

点眼薬・点鼻薬などの使用介助

基礎知識

- 介護職が点眼・点鼻を行うのは、対象者が点眼や点鼻を自分で実施できない場合に支援します。
- 点眼薬とは、直接目に用いて、目の病気や症状を改善するもので、液体と眼軟膏《がんなんこう》があります。日常生活のなかで使用が必要なとき、医療職の指示に基づいて実施します。
- 点鼻薬は、鼻風邪や鼻炎による鼻づまりなどの症状を改善するのに用いる薬剤です。液状と噴霧タイプがあり、ここでは噴霧タイプの説明をします。

①点眼

必要な物品

・点眼薬（液体、眼軟膏）
・ティッシュペーパー（またはガーゼ）
・ハンドタオルまたは浴用タオル　・綿棒

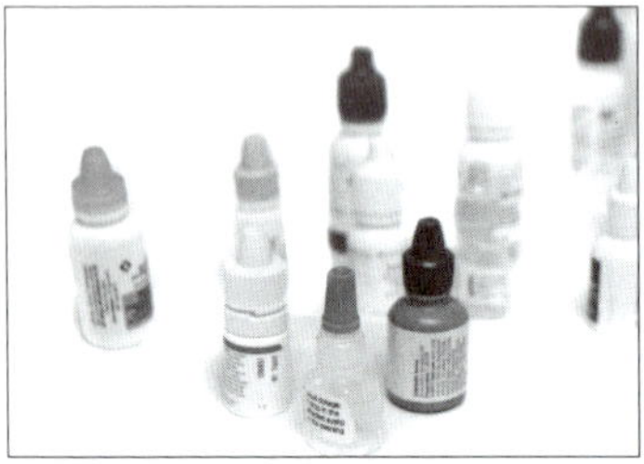

点眼薬（液体）
（©bkilzer-Fotolia.com）

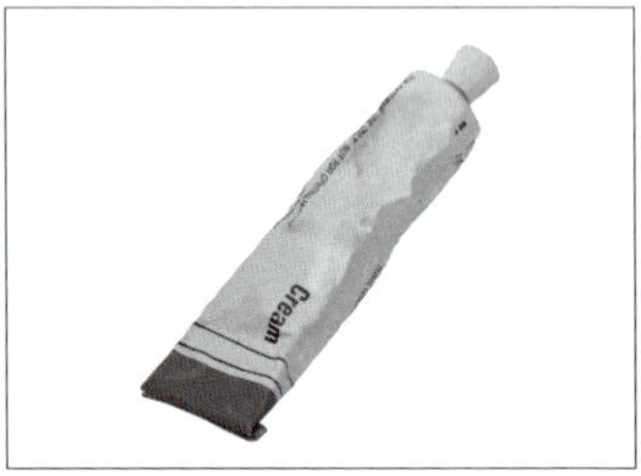

点眼薬（眼軟膏）
（©carroteater-Fotolia.com）

手 順　点眼薬（液体）

memo

1 点眼を実施する前に、清潔管理のため、介護職は手をよく洗います。

2 「○○さん、目薬をさしますよ」と声をかけ、点眼しやすいように顔を上向きの姿勢にしてもらいます。点眼の用法や順番は医師の指示に従います。

3 指でまぶたを軽く開き、１滴点眼します。その際、点眼薬の容器の先がまぶたやまつ毛、眼球に触れないように注意します。

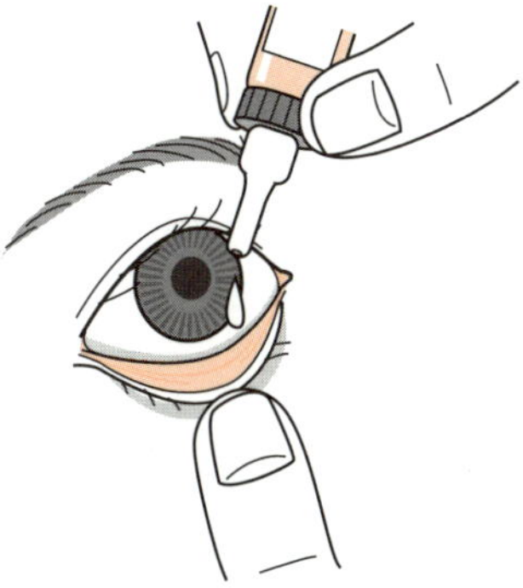

memo

4 点眼後は目を軽く閉じて、目頭を軽く押さえてもらいます。流れ出た目薬は、ティッシュペーパーやガーゼで軽く拭き取ります。

5 「お疲れさまでした」と終了を伝え、記録をとります。

手　順　点眼薬（眼軟膏《がんなんこう》）

1 点眼を実施する前に、清潔管理のため、介護職は手をよく洗います。

2 「眼軟膏を塗りますよ」と対象者に声をかけ、指で下まぶたを下に引き、眼軟膏のチューブの先がまぶたや眼球に触れないように注意しながら、下まぶたに向かって、チューブを押しながら薬をのせます。清潔な綿棒に薬をのせ、下まぶたに付けてもいいでしょう。

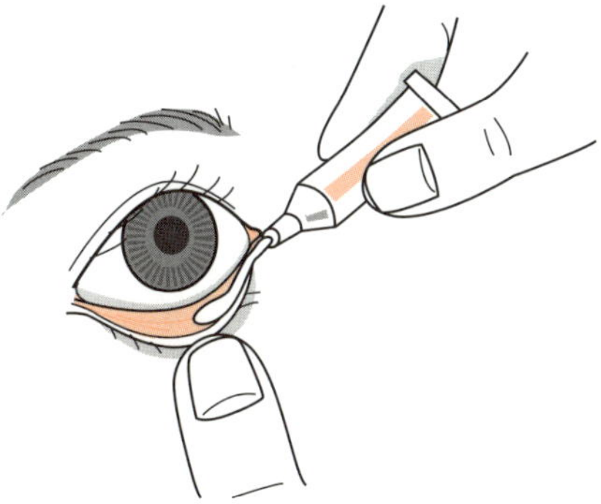

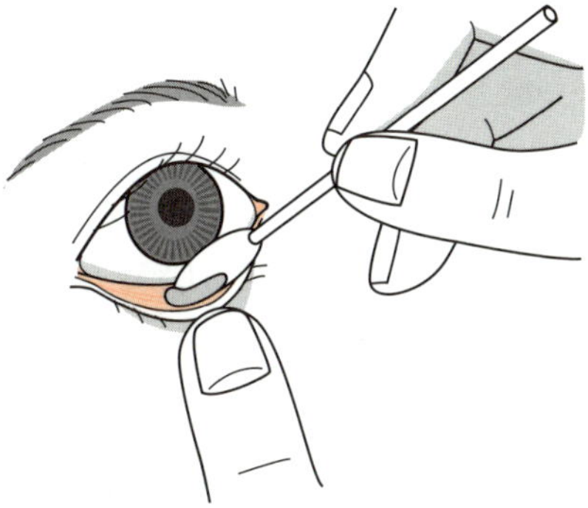

memo

memo

3 目を閉じてもらい、軟膏が溶けて全体に広がるまで待ちます。

4 使用後はチューブの先をティッシュペーパーなどで拭き取り、キャップをします。

5 点眼後は、介護職は十分に手洗いし、自身の自己管理も忘れないようにしましょう。

6 「お疲れさまでした」と終了を伝え、記録をとります。

②点鼻

必要な物品

・点鼻薬（噴霧タイプ）　・ハンドタオルまたは浴用タオル
・ティッシュペーパー（またはガーゼ）

手　順　点鼻薬（噴霧タイプ）

1 点鼻を実施する前に、清潔管理のため、介護職は手をよく洗います。

2 薬を噴霧する前に、指示されている用法を確認します。

memo

3. 薬を噴霧する前に、鼻を静かにかんでもらいます。

4. 「薬を噴霧します」と声をかけ、顔を下に向けてもらいます。

5. 容器の先が鼻などに触れないように気をつけて鼻《び》腔《こう》内に噴霧します。

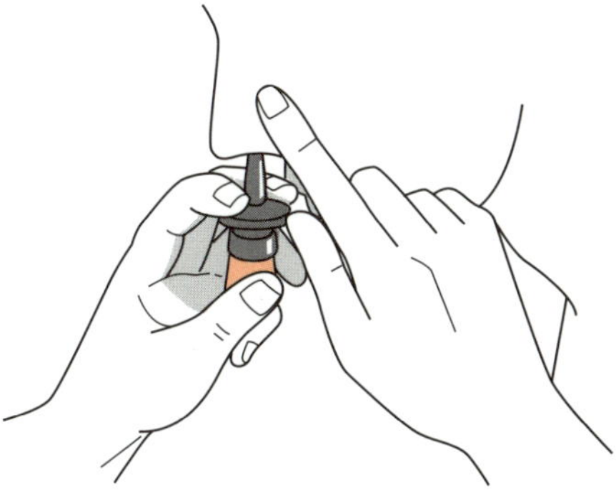

6. 実施後、鼻のなかに薬がよく行き渡るように、頭を後ろに傾けた状態で2～3分そのままの姿勢を保ってもらいます。

7. 容器の先端をティッシュペーパーなどできれいに拭き、その後キャップを締めます。

8. 「お疲れさまでした」と終了を伝え、記録をとります。

ケアのポイント

- 点眼前に目の状況を確認し、明らかに悪化している場合は、家族や医療職に連絡を取ります。
- 点眼薬・点鼻薬も用法・用量はきちんと守りましょう。点眼薬の場合、1回の量は指示のない限り、1滴です。
- 容器に記載された使用期限は守り、使用期限の過ぎたものは医療職に相談しましょう。
- 点眼薬も点鼻薬もその人の症状に合わせた薬剤が処方されているので、ほかの人に貸したり、ほかの人から借りたりしてはいけません。
- 液体の点鼻薬は、顔を上に向けて決められた滴数をさします。

得する知識

- 使用前に1滴、ティッシュ等に落とすと容器の口の周りの汚れが目に入りません。

☑ 手順チェックリスト

□ ２種類以上の点眼薬がある場合、点眼順序など確認していますか？

２種類以上の点眼薬がある場合、点眼の順序は医療職の指示に従います。後から行う点眼薬は５分以上おいてから点眼します。眼軟膏と併用する際には、眼軟膏は最後に使用します。

□ 薬剤に異常は見られませんか？

不潔な取り扱いで点眼薬が汚染されたり、保管の仕方を誤って変質させたりすることがあります。点眼の前に、容器の損傷、汚染、内容の乾燥、変色、異臭などの劣化がないか確認しましょう。

□ 薬剤の正しい保管方法を把握していますか？

キャップをしっかり締め、投薬袋などに入れ、不潔にならないように保管します。薬剤に合わせて指示されているので正しく保管しましょう。直射日光や気温の上昇に注意し、「冷所保存」などと書いてある場合は、冷蔵庫などで保存してください。

浣腸

基礎知識

- 浣腸《かんちょう》とは、肛門から直腸に浣腸液を注入し、排便をうながすために行われます。介護の場で使う浣腸液は、市販のディスポーザブルのものを用います。
- 市販のディスポーザブル浣腸器はグリセリンがその成分です。グリセリンが腸壁の水分を吸収して固い便をやわらかくし、腸壁を刺激して蠕動《ぜんどう》運動を起こし、便を排出しやすくします。
- 市販のディスポーザブル浣腸器は、挿入部の長さが５～６cm程度以内、グリセリン濃度は50%、成人用の場合40ｇ以下です。
- 浣腸の実施にあたっては、対象者の羞恥心や気がね、プライバシーに配慮するとともに、安全で安心できる環境を整えます。

必要な物品

・ディスポーザブルグリセリン浣腸器
・ディスポーザブル手袋（使い捨て手袋）　・潤滑剤（ワセリンなど）
・防水シート　・トイレットペーパー　・おしりふきタオル
・バスタオルなど（身体の露出を避けるための掛け物）　・おむつ

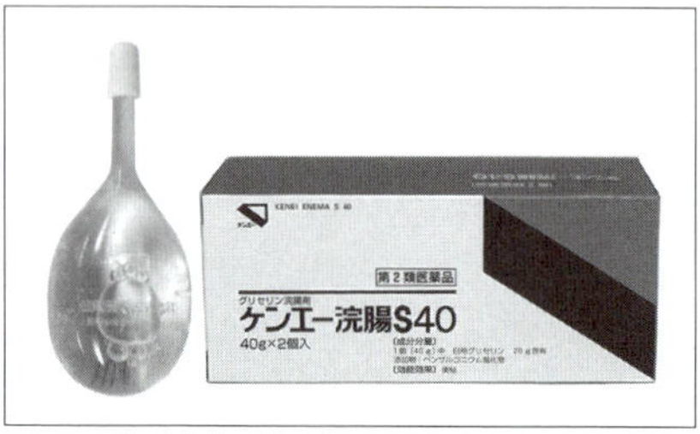

ディスポーザブルグリセリン浣腸器
（写真提供：健栄製薬株式会社）

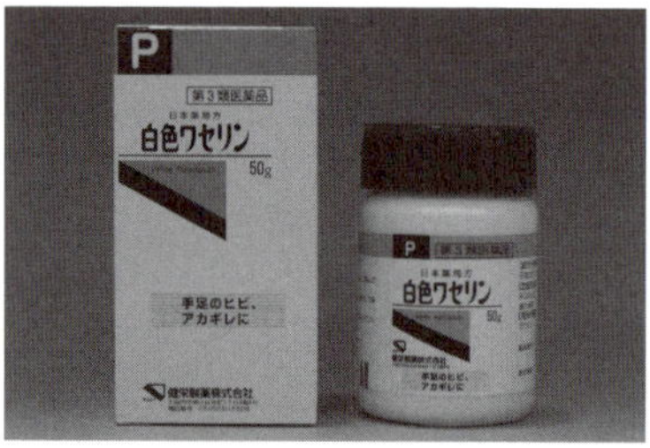

潤滑剤（写真提供：健栄製薬株式会社）

手　順

memo

1 浣腸器（濃度・用量・使用期限などを確認）を準備します。洗面器にお湯を入れ、浣腸液を体温程度に温めておきます。

2 「○○さん、浣腸しますよ」と声をかけ、もし体調不良があれば、すぐに中止することを伝えておきます。

3 防水シートを敷いた上で、対象者の体位を左側《そく》臥《が》位《い》にし、軽く膝を曲げます。これは腸の走行に沿って浣腸液が注入され、便を出やすくするためです。下着を下げて対象者の肛門がよく見えるようにします。用意したバスタオルなどを掛けて不必要な身体の露出を避けます。寝たきりなどで動けない人の場合はシートの上におむつ、トイレットペーパーを敷いておきます。

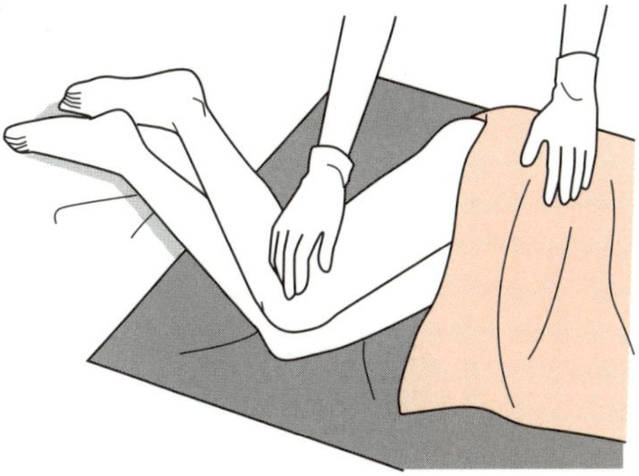

memo

4 ディスポーザブル手袋をはめます。緊張を取るために、口を開けて、ゆっくりと楽に呼吸してもらうよう、声かけします。

5 肛門に入れる前に液の温度を確認しましょう。もし熱いと感じたら、温度が下がるのを待って使用します。

6 浣腸《かんちょう》器の先端に潤滑油をつけるか、浣腸液を少量出してぬらします。

7 肛門の場所を確認し、浣腸器のノズルをゆっくりと挿入し、浣腸液をゆっくり全部注入します。

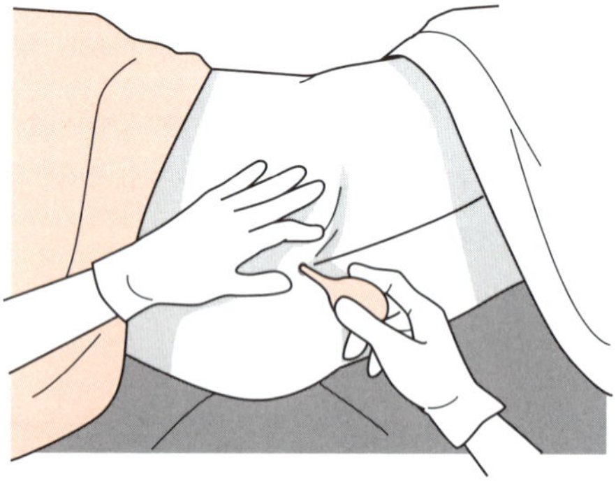

8 ノズルを抜いたら、液がすぐ漏れないよう、肛門部をトイレットペーパーで押さえます。3～5分ほど排便をがまんするように説明し、表情や状態を注意深く観察します。早すぎる排便は、液だけが出てしまうことになります。

memo

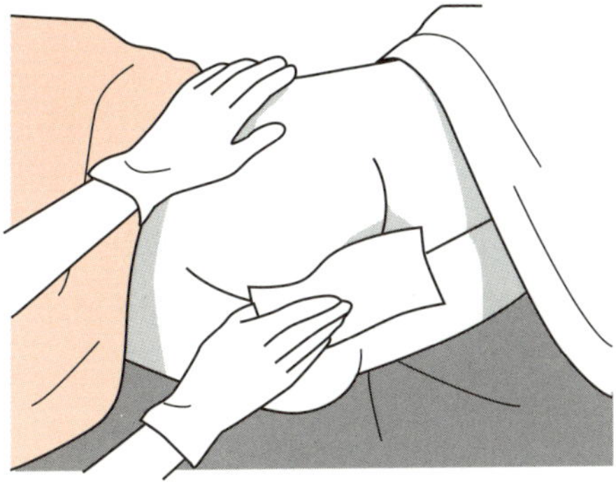

9 対象者の状態に合わせた排便方法で排便介助を行います。トイレで行う場合は速やかに移動できるよう、あらかじめ通路の障害物を除いて準備しておきます。排便後は、肛門周辺を清潔にし、着衣などを整えます。

10 便が残った感じはしないか、腹痛はないか、すっきりしたかなどを聞き、便の状態、色、量などの観察をし、記録をとります。

ケアのポイント

- 浣腸《かんちょう》は血圧の変動をきたしやすく、病状によっては浣腸が危険な人もいるので医療職に事前に聞いておきましょう。
- 浣腸は対象者の状態によっては、ショックや出血を起こす場合があります。疼痛《とうつう》や挿入困難があれば、無理をせずノズル（挿入部）を抜きます。
- 立位《りつい》での挿入はノズルが深く入りやすく、直腸穿孔《せんこう》という医療事故につながります。決して行わないでください。
- 痔や肛門周辺に痛みがある人には、無理に浣腸せず、医療職に相談しましょう。
- 浣腸による排便は、対象者の負担が大きいので、日ごろから食事の工夫などで、その人の排泄リズムをつくり、便秘にならないようなケアをすることも大切です。

NG! これは医行為です

- ノズル（挿入部）の長さが7cm、液が40gを超える医療用浣腸器は、介護職が使用してはいけません。使用前に必ず確認してください。

得する知識

- 寝たきりなどで動けない人に浣腸する場合は、トイレットペーパーを重ねたものを複数準備し、おむつの上に敷いておきます。
- おむつの上にトイレットペーパーを敷いておくと、ペーパーごと便をトイレに流せるので便利です。便はできるだけトイレに流しましょう。
- 汚れたおむつは新聞紙でくるんで始末するとにおいが防げます。

☑ 手順チェックリスト

□ **対象者のプライバシーに配慮していますか？**

排泄は個人の尊厳に関わるケアです。

□ **対象者の体調を確認しましたか？**

体調不良時に行うと、予期せぬ体調変化が起こることもあります。また、浣腸注入後、腹圧の変化で体調が変化することもあります。表情や全身状態の観察を注意深く行い、変調があれば、速やかに医療職に連絡し指示をもらいます。

□ **対象者は緊張していませんか？**

腹筋の緊張をとるために、「口から息を吐いてください」と声をかけ、口呼吸してもらいましょう。

□ **排便介助の準備は万全ですか？**

便器、ポータブルトイレ、おむつなどをあらかじめ準備しておきます。男性は尿器を同時に当てておくと、尿が飛散するのを防げます。

切り傷・擦り傷・やけどの処置

基礎知識

●軽微な切り傷、擦り傷、やけどは日常生活のなかで起こりうるトラブルです。介護職は適切な処置ができるように、知識と技術を身につけておきましょう。

●体位変換や車いすへの移乗時など、介護職の不適切な介助により傷をつくる場合があるので気をつけましょう。

●軽微な切り傷、擦り傷、やけどの処置において、介護職が行うことができるのは、専門的な判断や技術を必要としないものだけです（汚物で汚れたガーゼ交換を含みます）。

●処置する前に医療職に相談し、処置後は報告しましょう。小さな傷でも、服用している薬や基礎疾患などにより、傷が悪化する場合もあります。

●寝たきりの人の皮膚はもろく傷つきやすいこと、循環器疾患のため血液が固まりにくい薬（ワルファリン等）を服用している人は出血しやすいこと、糖尿病は感染症を起こしやすいことを知っておきましょう。

必要な物品

・絆創膏（テープ）　・包帯　・ガーゼ　・洗浄用容器　・ぬるま湯
・ディスポーザブル手袋（使い捨て手袋）　・タオルなど

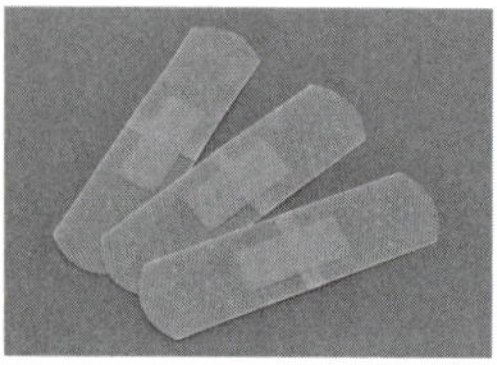

絆創膏（テープ）

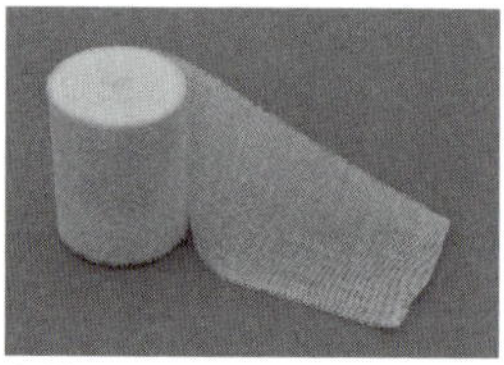

包帯

ガーゼ

切り傷・擦り傷

●切り傷・擦り傷に共通する注意点には、感染防止です。擦り傷も範囲が広かったり、泥や砂が傷口に入り込んでいると、感染しやすい状態にあることを知っておきましょう。

手　順

1 介護職は処置を行う前に必ず流水と石けんで手洗いをします。

2 対象者にこれから行う処置について説明をします。

3 切り傷、擦り傷、いずれの場合でも血液に触れるようなときは、ディスポーザブル手袋を使用し、直接血液に触れないようにします。

memo

memo

4 傷口を水道水などで洗い流します。動けない人には、ペットボトルにぬるま湯を入れて洗い流します。このとき、傷をこすったりしないように注意しましょう。傷の周囲もきれいに洗います。

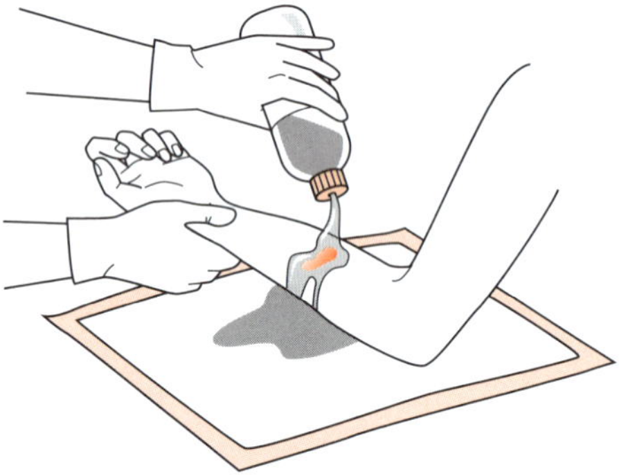

5 洗い流した後は、清潔なガーゼやタオルなどで押さえるようにして水分を拭き取ります。

6 小さな切り傷は、ガーゼや絆創膏で保護します。擦り傷は、そのままでもいいですが、痛みがあるときはガーゼを当てて保護します。

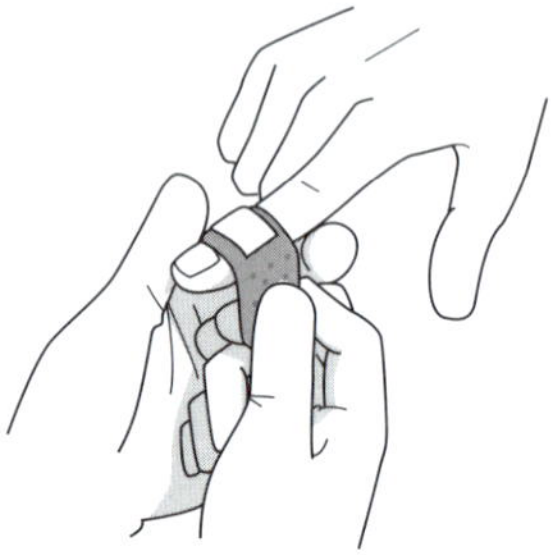

7 出血がひどい切り傷の場合は、ガーゼなど清潔な布で圧迫し、速やかに医療職に連絡し、指示をもらいます（深い傷の場合は医療機関で縫合する必要があります）。

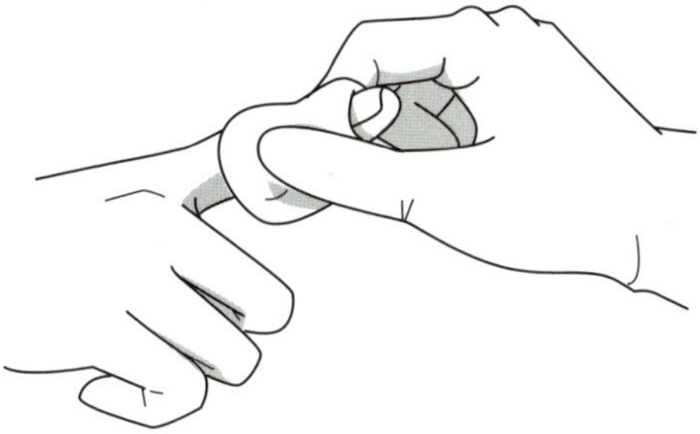

8 終了後に処置方法などの記録をとります。傷の状況や程度、手当の内容を医療職に報告しましょう（小さな傷でも、疾病や服用している薬によって悪化する場合があります）。

memo

やけど

やけどは風呂の湯温、やかんやポットのお湯、カイロや湯たんぽの使用、汁ものをこぼしたときなど、思わぬ生活場面で起こりうる事故です。特に、低温やけどは気づかないうちに生じていることがあるので、日ごろの配慮が必要です。やけどは範囲が広いほど血液成分が多く失われ、全身の血液循環が悪化していくためにショックを起こし、危険な状態となります。その目安は成人で体表面積の18～20％です。高齢者では10～15％でも危険な場合があります。

やけどの程度は以下のとおりです。

1度	皮膚が赤くなるぐらい
2度	水泡ができた状態
3度	損傷が皮下組織にまで及んだもの
4度	黒こげになるほどのもの

memo

手　順

1 やけどした直後は、流水で素早く冷やします。水圧が強すぎないように気をつけます。痛みと熱さを感じなくなるまで水で冷やします（10～15分程度）。

2 衣服を着ている場合は、無理に脱がせず着衣のまま水をかけて冷やします。無理に脱がすと、皮膚組織を傷めてしまう危険があるためです。
広範囲のやけどの際は、速やかに医療職に連絡し指示をもらいます。

3 冷やした後は、やけど部分を清潔なガーゼやタオルなどで軽く覆い、やけどした部位を保護します。

4 終了後に処置方法などの記録をとります。
必ず、家族や医療職に報告します。

memo

ケアのポイント

- 介護職の手に傷などがある場合は、対象者への感染防止に注意が必要です。ディスポーザブル手袋などを使い、介護職の手が直接、傷口にさわらないようにしましょう。
- 切り傷や擦り傷で傷口が深かったり出血が多い場合、ガーゼで保護し、速やかに医療機関に連絡しましょう。
- 切り傷、擦り傷の患部に赤みや腫《は》れが見られる場合は、医療機関を受診しましょう。赤みや腫れは感染症の兆しです。
- 汚物や浸出液で汚れたガーゼは、介護職でも交換できます。ガーゼが皮膚に張り付いている場合は、無理をしてはがさないようにしましょう。
- 介護職が傷つけるケースとして、移乗時にベッド柵や車いすの足などにぶつけることが挙げられます。また、高齢者の皮膚が弱いため、腕などを強くにぎって傷つけることもあります。
- 高齢者の場合、２度以上のやけどになったときは速やかに皮膚科を受診したほうがよいでしょう。
- 水道の水圧に注意しましょう。水圧で患部の皮膚がはがれてしまう危険があります。
- 顔など直接水を当てにくい部位は、外傷や患部にタオルを当て、やかんで冷水をかけながら冷やします。
- やけどでできた水ぶくれはつぶさないようにしましょう。つぶすと、傷口からの感染のリスクが高まります。
- 皮膚の色が変わったり、赤くなっているなど低温やけどが疑われる場合は、医療職に報告し、指示をもらいましょう。
- 対象者の生活習慣を把握して、やけどを起こさない生活環境をつくりましょう。

☑ 手順チェックリスト

□ 患部の状態を確認しましたか？

患部は切り傷なのか擦り傷なのか、またはやけどなのか、家族などから情報を収集し、傷の原因や状況を医療職、ケアマネジャーに報告しましょう。

□ 湯たんぽやカイロによる低温やけどに注意していますか？

高齢者の場合、足先の感覚が鈍っていたり、麻痺《まひ》していて、気づかずにやけどをする場合があります。湯たんぽ、電気あんかなどはタオルで包み、身体から10cmほど離し、直接触れないようにしましょう。使い捨てカイロは、皮膚に直接貼らないようにしましょう。

ストーマ袋の排泄物廃棄

基礎知識

●大腸や直腸などの悪性腫瘍《しゅよう》や腸の強度の炎症などが原因で、病変部を切除し、肛門から直接便を排泄することができなくなった人に対し、腸から便を排泄するため腸壁につくられた数cmの穴（人工肛門）のことを「ストーマ」と言います。排泄物はストーマの口がある腹部に張り付けた面板に装着したストーマ袋（特殊な袋）にためられます。

●介護職は、ストーマ装具を装着している人のケアで、ストーマ袋にたまった排泄物の廃棄を主に行います。廃棄の仕方は、対象者・家族が医療機関から指導されているので、その方法も確認しておきましょう。

●ストーマ装具には、ワンピースタイプとツーピースタイプがあります。ワンピースタイプは、皮膚に張り付く面板と便や尿を受けるストーマ袋が一緒になった形のものです。ツーピースタイプは、皮膚に付く面板とストーマ袋が別々になったものです。

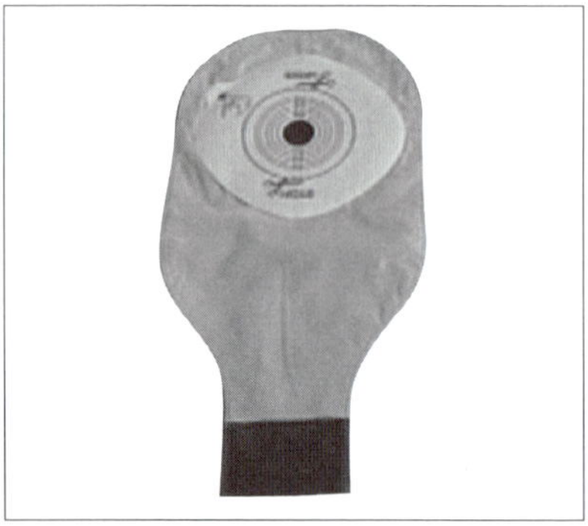

ワンピース式装具
（写真提供：社団法人日本オストミー協会）

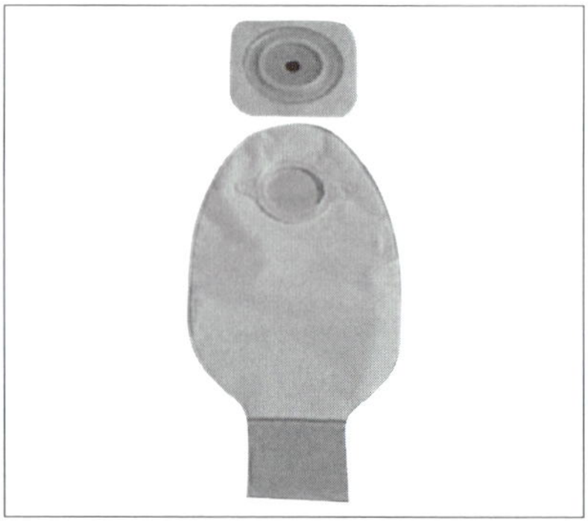

ツーピース式装具
（写真提供：社団法人日本オストミー協会）

●ストーマを造設した人はオストメイトと呼ばれます。外出時における排泄物廃棄のため、駅や公共施設ではオストメイトも利用できるオストメイト対応トイレの設置が進んでいます。

必要な物品

・ウエットティッシュ
・ビニール袋
・ティッシュペーパー
・ディスポーザブル手袋（使い捨て手袋）

手　順

1 対象者のストーマ袋に便がたまっているのを確認します。

2 介護職は十分に手を洗い、ディスポーザブル手袋をはめます。

3 汚れた部分を拭き取るウエットティッシュ、ビニール袋、ティッシュペーパーを準備します。

memo

memo

4 廃棄作業を行います。

a ストーマ袋の先端のクリップをはずし、折り返してあるストーマ袋の便の排出口から、便をビニール袋（や便器）に取り出します。このとき、便の量、性状を観察します。

b 排出口に付いた便をティッシュペーパーでよく拭き取ります。

memo

c▸▸ ストーマ袋内の空気を抜いてから排出口を折り返し、クリップを使って口を閉じます。
ストーマ袋によって排出口の閉じ方が異なる場合があるので、取り扱い方を理解しておきましょう。

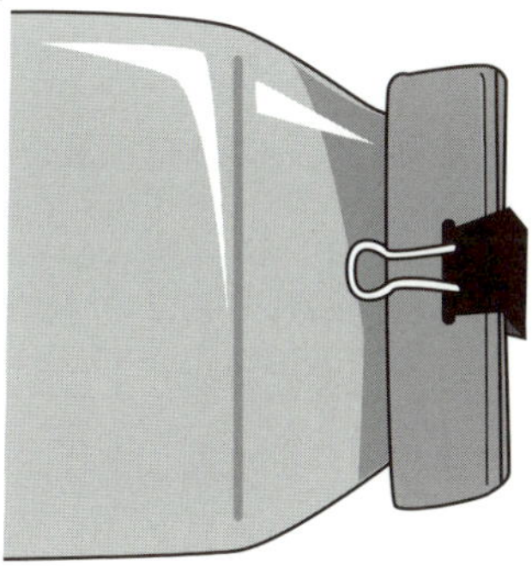

d▸▸ 便をトイレに流します。

5 作業を終えたら、石けんで手をしっかり洗います。

6 「お疲れさまでした」と終了を伝え、人工肛門周辺の状態、皮膚の発赤《ほっせき》、発疹、ただれ、かゆみ、痛みなどがないか確認し、便の量、性状、取り出した時間などの記録をとります。

ケアのポイント

- ストーマ装具を装着している人は、皮膚障害と感染症を引き起こしやすいので、排泄物を捨てる際、便の性状を観察し、ふだんどおりの状態であるかを確認することが重要です。便の性状など、何らかの異状が見られたら、速やかに、医療職に連絡します。
- 介護職は、更衣介助の際、ストーマ袋を引っ張って肌との接着部をはがしてしまったり、ストーマを圧迫したりしないように、気をつけなければいけません。
- ストーマ袋の閉じ方がうまくないと便が漏れてしまい、衣服を汚したりすることがあります。十分注意を払い、作業に習熟しましょう。
- 便秘や下痢を予防するために、食事の内容を工夫しましょう。便に異状があるときは、食べた物についても医療職に相談しましょう。
- やせている人などは面板との間にすき間ができやすくなります。便の漏れがないかを観察し、漏れがあるときには、医療職に連絡します。

NG! これは医行為です

- 介護職が、ストーマ袋をはずしてはいけません。行ってよいのは、ストーマ袋にたまった排泄物の廃棄だけです。

☑ 手順チェックリスト

□ **排泄物を捨てるとき、どこで、何を使って排泄物を捨てるのか、またその方法を確認していますか？**

トイレに直接流すのか、いったんビニール袋に受けてから流すのか、対象者の状況によって異なります。介護職はあらかじめ、処理方法をきちんと確認することを忘れずに。また、自身の感染防止のためにも、ディスポーザブル手袋を使用し、作業後は必ず手を洗います。

□ **ストーマ装具装着者のガスへの対処は把握していますか？**

ストーマ装具を装着している対象者は、肛門から排便する場合と同じく、腸からガスが発生しストーマ袋内にガスがたまります。ガスが完全に出きらないと、お腹がパンパンに張ってしまうこともあります。そういう場合のガスの対処法について、医療職に確認しておきましょう。

□ **ストーマ袋の排出口がしっかり閉じているにも関わらず、便が漏れていませんか？**

器具にトラブルの疑いがあるので、速やかに医療職に連絡しましょう。

自己導尿の補助

基礎知識

- 自己導尿とは、何らかの原因で自己排尿が困難になり、本人がカテーテルを尿道から膀胱《ぼうこう》に挿入して、人為的に排尿する行為をいいます。
- 自己導尿は、カテーテルの挿入を対象者本人が、医療職から指導を受けて実施できるようになっています。介護職が行えるのは自己導尿の補助で、カテーテルの準備や体位の保持です。
- 自己導尿に使うカテーテルには、繰り返し使うタイプと、１回で使い捨てるタイプの２種類がありますが、ここでは繰り返し使うカテーテルについて説明します。
- 再利用するカテーテルの場合、保管用の容器（消毒液と潤滑ゼリーを混ぜた液の中に浸してある）の中からカテーテルを取り出した後、そのまま挿入・使用します。使用後は流水で洗って保管用の容器に保管し、繰り返し使います。

必要な物品

・自己導尿カテーテル　・保存液（消毒液と潤滑ゼリーを混ぜたもの）
・ティッシュペーパー　・清拭綿　・ディスポーザブル手袋（使い捨て手袋）

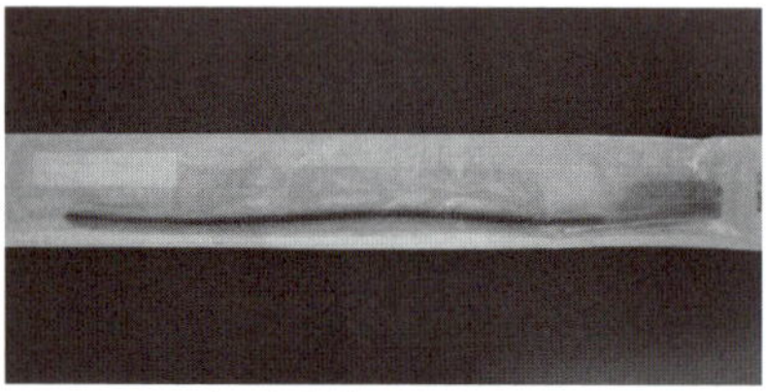

カテーテル（写真提供：中野なおクリニック）

手　順

memo

1 介護職は補助の前に、手を石けんできれいに洗います。

2 「○○さん、自己導尿の時間です。お手伝いしますね」と声をかけます。

3 衣類や下着を下げて、自己導尿しやすい姿勢をとります。自分でできないときは、対象者の導尿の方法を理解して、安全な体位を保てるように介助します。

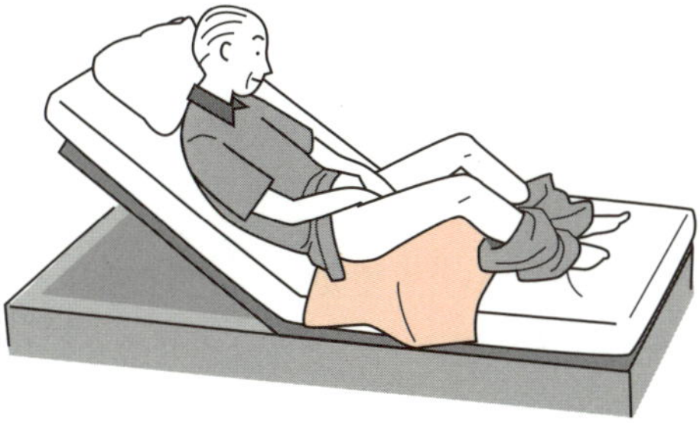

4 介護職は自己導尿カテーテルの準備をします。

memo

5 清拭《せいしき》綿で尿道口を清潔にしてもらいます。自己導尿は本人が行います。

6 自己導尿が終わったら、カテーテルを受け取り、流水で洗浄し、十分に水を切ってから保存液の入った容器に保管します。保存液が減っていたら容器に補充します。

7 後かたづけをして、対象者、介護職ともに付着した尿が残らないよう、手を洗います。

8 「お疲れさまでした」と終了を伝え、記録をとります。

ケアのポイント

- 自己導尿は無菌状態で行うことがもっとも重要です。自然排尿では膀胱《ぼうこう》から尿道へと尿が流れ、菌が膀胱内に逆流することはありません。しかし、カテーテルを用いて導尿すれば、菌を尿道から膀胱へ持ち込む確率が高くなり、尿路感染症を引き起こす危険があります。特にカテーテル挿入口周辺は清潔に保たなければなりません。介助の際は清潔に気をつけます。
- 自己導尿の行為は、本来であれば他人に見られたくない排泄の行為です。プライバシーに配慮して行いましょう。

☑ 手順チェックリスト

□ **使用する導尿セットの取り扱い方を確認していますか？**

自己導尿は無菌状態で行う必要があるので、触れてもよい部分とそうでない部分をきちんと知って取り扱いましょう。

□ **対象者の体位は安全ですか？**

女性がカテーテルを挿入する場合、ベッド上で下肢を開いた座位《ざい》や、洋式トイレに片足を乗せる立位のままなどの体位があります。また、尿道口を確認する必要から、鏡を利用する場合もあります。男性の場合は、洋式トイレやいすに座って、下肢を開いた状態で行う体位があります。対象者によって自己導尿の体位は異なります。その方の安全な体位を理解し、確認しておきましょう。そして、プライバシーに配慮しましょう。

□ **対象者の自己導尿の回数は確認していますか？**

自己導尿の回数は人によって異なるので、対象者の回数を確認しておきましょう。

□ **対象者の尿量や色、尿の状態を知っていますか？**

尿量などの変化、透明度、また尿に浮遊物があるか、血液が混じっていないか、混濁がないか、などをチェックしましょう。水分と食事の摂取状況などとの関わりを見て、何らかの異状があれば、家族や医療職に状況を報告します。

医師法第17条、歯科医師法第17条 及び保健師助産師看護師法第31条の解釈について

（平成17年7月26日　医政発第0726005号　厚生労働省医政局長通知）

医師、歯科医師、看護師等の免許を有さない者による医業（歯科医業を含む。以下同じ。）は、医師法第17条、歯科医師法第17条及び保健師助産師看護師法第31条その他の関係法規によって禁止されている。ここにいう「医業」とは、当該行為を行うに当たり、医師の医学的判断及び技術をもってするのでなければ人体に危害を及ぼし、又は危害を及ぼすおそれのある行為（医行為）を、反復継続する意思をもって行うことであると解している。

ある行為が医行為であるか否かについては、個々の行為の態様に応じ個別具体的に判断する必要がある。しかし、近年の疾病構造の変化、国民の間の医療に関する知識の向上、医学・医療機器の進歩、医療・介護サービスの提供の在り方の変化などを背景に、高齢者介護や障害者介護の現場等において、医師、看護師等の免許を有さない者が業として行うことを禁止されている「医行為」の範囲が不必要に拡大解釈されているとの声も聞かれるところである。

このため、医療機関以外の高齢者介護・障害者介護の現場等において判断に疑義が生じることの多い行為であって原則として医行為ではないと考えられるものを別紙の通り列挙したので、医師、看護師等の医療に関する免許を有しない者が行うことが適切か否か判断する際の参考とされたい。

なお、当然のこととして、これらの行為についても、高齢者介護や障害者介護の現場等において安全に行われるべきものであることを申し添える。

1　水銀体温計・電子体温計により腋下で体温を計測すること、及び耳式電子体温計により外耳道で体温を測定すること

2　自動血圧測定器により血圧を測定すること

3　新生児以外の者であって入院治療の必要がないものに対して、動脈血酸素飽和度を測定するため、パルスオキシメータを装着すること

4　軽微な切り傷、擦り傷、やけど等について、専門的な判断や技術を必要としない処置をすること（汚物で汚れたガーゼの交換を含む。）

5　患者の状態が以下の３条件を満たしていることを医師、歯科医師又は看護職員が確認し、これらの免許を有しない者による医薬品の使用の介助ができることを本人又は家族に伝えている場合に、事前の本人又は家族の具体的な依頼に基づき、医師の処方を受け、あらかじめ薬袋等により患者ごとに区分し授与された医薬品について、医師又は歯科医師の処方及び薬剤師の服薬指導の上、看護職員の保健指導・助言を遵守した医薬品の使用を介助すること。具体的には、皮膚への軟膏の塗布（褥瘡の処置を除く。）、皮膚への湿布の貼付、点眼薬の点眼、一包化された内用薬の内服（舌下錠の使用も含む）、肛門からの坐薬挿入又は鼻腔粘膜への薬剤噴霧を介助すること。

①　患者が入院・入所して治療する必要がなく容態が安定していること

②　副作用の危険性や投薬量の調整等のため、医師又は看護職員による連続的な容態の経過観察が必要である場合ではないこと

③　内用薬については誤嚥の可能性、坐薬については肛門からの出血の可能性など、当該医薬品の使用の方法そのものについて専門的な配慮が必要な場合ではないこと

注１　以下に掲げる行為も、原則として、医師法第17条、歯科医師法第17条及び保健師助産師看護師法第31条の規制の対象とする必要がないものであると考えられる。

①　爪そのものに異常がなく、爪の周囲の皮膚にも化膿や炎症がなく、かつ、糖尿病等の疾患に伴う専門的な管理が必要でない場合に、その爪を爪切りで切ること及び爪ヤスリでやすりがけすること

② 重度の歯周病等がない場合の日常的な口腔内の刷掃・清拭において、歯ブラシや綿棒又は巻き綿子などを用いて、歯、口腔粘膜、舌に付着している汚れを取り除き、清潔にすること

③ 耳垢を除去すること（耳垢塞栓の除去を除く）

④ ストマ装具のパウチにたまった排泄物を捨てること。（肌に接着したパウチの取り替えを除く。）

⑤ 自己導尿を補助するため、カテーテルの準備、体位の保持などを行うこと

⑥ 市販のディスポーザブルグリセリン浣腸器（※）を用いて浣腸すること

※挿入部の長さが５から６センチメートル程度以内、グリセリン濃度50％、成人用の場合で40グラム程度以下、６歳から12歳未満の小児用の場合で20グラム程度以下、１歳から６歳未満の幼児用の場合で10グラム程度以下の容量のもの

注2 上記１から５まで及び注１に掲げる行為は、原則として医行為又は医師法第17条、歯科医師法第17条及び保健師助産師看護師法第31条の規制の対象とする必要があるものでないと考えられるものであるが、病状が不安定であること等により専門的な管理が必要な場合には、医行為であるとされる場合もあり得る。このため、介護サービス事業者等はサービス担当者会議の開催時等に、必要に応じて、医師、歯科医師又は看護職員に対して、そうした専門的な管理が必要な状態であるかどうか確認することが考えられる。さらに、病状の急変が生じた場合その他必要な場合は、医師、歯科医師又は看護職員に連絡を行う等の必要な措置を速やかに講じる必要がある。

また、上記１から３までに掲げる行為によって測定された数値を基に投薬の要否など医学的な判断を行うことは医行為であり、事前に示された数値の範囲外の異常値が測定された場合には医師、歯科医師又は看護職員に報告するべきものである。

注３　上記１から５まで及び注１に掲げる行為は原則として医行為又は医師法第17条、歯科医師法第17条及び保健師助産師看護師法第31条の規制の対象とする必要があるものではないと考えられるものであるが、業として行う場合には実施者に対して一定の研修や訓練が行われることが望ましいことは当然であり、介護サービス等の場で就労する者の研修の必要性を否定するものではない。

また、介護サービスの事業者等は、事業遂行上、安全にこれらの行為が行われるよう監督することが求められる。

注４　今回の整理はあくまでも医師法、歯科医師法、保健師助産師看護師法等の解釈に関するものであり、事故が起きた場合の刑法、民法等の法律の規定による刑事上・民事上の責任は別途判断されるべきものである。

注５　上記１から５まで及び注１に掲げる行為について、看護職員による実施計画が立てられている場合は、具体的な手技や方法をその計画に基づいて行うとともに、その結果について報告、相談することにより密接な連携を図るべきである。上記５に掲げる医薬品の使用の介助が福祉施設等において行われる場合には、看護職員によって実施されることが望ましく、また、その配置がある場合には、その指導の下で実施されるべきである。

注６　上記４は、切り傷、擦り傷、やけど等に対する応急手当を行うことを否定するものではない。

平野頼子
NPO法人緩和ケア支援センターコミュニティ代表
看護師・ケアマネジャー

福岡赤十字看護専門学校卒。
福岡赤十字病院、国家公務員共済組合連合会浜の町病院勤務。
福岡医師会訪問看護ステーション、ケアプランセンター管理者。現在、NPO法人緩和ケア支援センターコミュニティ代表理事、訪問看護ステーション「はな」総括所長、通所介護デイサービス「この花」管理者、小規模多機能型居宅介護「三丁目の花や」施設長、ケアプランセンターはな管理者、福岡緩和ケア研究会世話人、在宅ホスピスをすすめる会世話人など多岐にわたって活動中。

NPO法人緩和ケア支援センターコミュニティ
http://www.kanwa-care.jp/html/hana-daihyou.html

著書
『在宅ホスピスのススメ― 看取りの場を通したコミュニティの再生へ』（木星舎／平野頼子他著／2005）
『FUKUOKA在宅ホスピスガイドブック』（木星舎／平野頼子他著／2007）

バイタル測定、整容行為、その他の行為の知識と手順

2010年11月15日　第1版第1刷発行

監　　修　平野頼子

編集協力　株式会社エディポック

発 行 者　林　諄

発 行 所　株式会社 日本医療企画ⓒ
〒101-0033　東京都千代田区神田岩本町4-14 神田平成ビル
TEL. 03-3256-2861（代）
http://www.jmp.co.jp

印 刷 所　図書印刷株式会社

ISBN978-4-89041-971-5　C2047
定価はカバーに表示しています。
Printed in Japan,2010